해외투자자를 위한 세금의 모든 것

한 손에 잡히는
국제조세

해외투자자를 위한 세금의 모든 것
한 손에 잡히는 국제조세

초판 1쇄 인쇄일 2018년 7월 25일
초판 1쇄 발행일 2018년 8월 6일

지은이 김성년
펴낸이 양옥매
디자인 표지혜
교 정 조준경, 허우주

펴낸곳 도서출판 더문
출판등록 제2012-000376
주소 서울특별시 마포구 방울내로 79 이노빌딩 302호
대표전화 02.372.1537 **팩스** 02.372.1538
이메일 booknamu2007@naver.com
홈페이지 www.booknamu.com
ISBN 979-11-961321-7-0(03320)

이 도서의 국립중앙도서관 출판시도서목록(CIP)은 서지정보유통지원 시스템 홈페이지(http://seoji.nl.go.kr)와 국가자료공동목록시스템 (http://www.nl.go.kr/kolisnet)에서 이용하실 수 있습니다. (CIP제어번호 : CIP2018023174)

* 저작권법에 의해 보호를 받는 저작물이므로 저자와 출판사의 동의 없이 내용의 일부를 인용하거나 발췌하는 것을 금합니다.
* 파손된 책은 구입처에서 교환해 드립니다.

한 손에 잡히는 국제조세

김성년 지음

해외투자자를 위한 세금의 모든 것

더문

그를 아는 모든 사람에게 용기가 무엇인지를 가르쳐 준 Andon,

사이프러스에서 스키를 타다가 문득 바라본

황혼 녘의 태평양은 평생 잊을 수 없을 거야.

40년 넘게 미뤄 왔던 테니스, 카누, 스키, 농구 그리고 체스를

더 늦기 전에 아버지란 이름을 빌려 시작할 수 있도록 도와주고

그것으로 인해 인생을 한없이 풍요하게 해 준

사랑하는 수진, 서진 그리고 승준에게 이 책을 바칩니다.

목차

1. 들어가며 · 8
2. 국제조세란 무엇인가? · 13
3. 해외 부동산투자 · 18
4. 해외 주식투자 · 35
5. 해외 법인투자 · 38
6. 해외 재산의 상속과 증여 · 45
7. 어느 나라가 과세할 것인가? · 55
8. 국가 간 금융정보(Financial Information)의 교환 · 68
9. 조세피난처(Tax Havens)와 정보교환 · 78
10. 해외계좌의 신고 · 93
11. 미국의 해외계좌납세협력법(FATCA)과
    해외계좌신고제도(FBAR) · 101
12. 이전가격 (Transfer Pricing) · 107
13. 과소자본 과세제도(Thin Capitalisation) · 115
14. 이의신청 및 국가 간 상호합의(MAP) · 118
15. 해외 홀딩컴퍼니를 이용한 투자 · 131
16. 해외 파트너십을 이용한 투자 · 145
17. 파트너십과 택스플래닝 · 155
18. 사례로 본 국제조세 · 169

1

들어가며

　벤자민 프랭클린은 '세상에서 가장 확실한 것은 죽음과 세금뿐'이라고 하였다. 그의 말대로라면 우리가 살면서 꼭 해야 할 일이 우선 두 가지는 된다. 먼저 평화롭고 후회없이 살다가 죽기 위해서 미리 준비하는 것이고, 다음은 언제 밀려올지 모르는 세금의 파도를 미리 준비하여 슬기롭게 넘는 것이 아닐까?

　우리나라의 해외 직접투자는 2017년 437억 달러로 사상 최고를 기록하였다. 이것은 많은 유동성에도 불구하고 안정된 투자수익을 가져다줄 만한 투자처를 찾지 못한 자금이 한국을 떠나 점차 해외로 눈을 돌리고 있는 현상과 무관하지 않다. 일관성 없는 경제정책과 지정학적, 정치적 불안정성은 보다 안전하고 예측가능한 투자처를 찾는 투자자들이 해외로 눈을 돌리게 하는 주요 요인으로 보인다.

해외에 투자하는 투자자들은 과연 해외투자가 얼마만큼의 투자액 대비 이익을 가져다줄 것인지가 가장 큰 관심사일 것이다. 언뜻 간단해 보이는 이 문제는 사실 그렇게 간단하지 않다. 왜냐하면 국내외의 세금 문제가 복잡하게 얽혀 있기 때문이다.

해외투자로부터 발생하는 총투자이익에서 어느 정도의 세금을 내야 하고, 나의 순수한 투자이익은 얼마 정도인가 하는 궁금함으로부터 다시 여러 가지 질문이 파생된다. '해외투자로 외국에는 어떤 세금을 얼마나 납부하여야 하는가?', '해외에서 납부한 세금은 우리나라의 세금과 어떠한 관계가 있는가?', '우리나라 국세청이 다른 나라 국세청과 교환하는 정보는 무엇인가?', '세금에 이의가 있으면 어떻게 할 것인가?', '내가 혹시 점차 복잡해지는 국제거래의 여러 가지 룰을 위반하고 있는 것은 아닌가?' 등 그야말로 의문에 의문이 꼬리를 무는 격이다.

문제는 이러한 궁금증에 시원하게 답을 제시할 수 있는 전문가가 없다는 것이다. 국제조세를 다루기 위해서는 국제조세뿐만 아니라 우리나라와 외국의 조세시스템에 대한 해박한 지식을 가지고 서로를 유기적으로 연관시킬 수 있어야 한다. 회계사와 변호사 등 각 분야의 전문가들이 있지만 여러 전문 영역이 동시에 연관되는 국제거래에 있어서 이 모든 분야를 아우를 수 있는 전문가가 흔하지 않다는 것은 안타까운 현실이다.

필자는 수년간 국세청에서 다수의 해외 글로벌 기업과 국내 대기업의 국제거래조사를 현장에서 이끌었다. 이 기간 동안 조세피난처를 이용한 해외투자에서부터 '검은 머리 외국인'에 이르기까지 실로 다양한 형태의 국제거래를 직접 조사하였다. 이 시기는 또한 개인적으로 다국적 기업의 다양한 비즈니스 관행을 이해할 수 있는 소중한 기회가 되었다. 특히 공격적인 택스플래닝(Tax Planning)에 대한 OECD 회의에 한국 대표로 참여하여 선진국의 다양한 택스플래닝 사례를 공유할 수 있었고, 이후 여러 OECD 국가에서의 공격적 택스플래닝 사례와 외국의 판례, OECD의 규정들을 연구하였다.

해외에서 유학을 하고 회계법인에서 일하면서 체계적으로 체득한 외국 조세에 대한 이해는 한국의 조세시스템과 외국의 조세시스템 간의 접점을 찾아가는 과정으로 필자에게 의미가 깊다. 나라마다 조세법의 기술적인 부분은 달라도 국가재정의 확보와 과세의 형평이라는 조세법의 기본 정신은 다르지 않다는 것을, 그리고 각국 정부 역시 이 둘의 조화를 위해 많은 고민을 하고 있다는 것을 외국의 조세 판례와 법 조항을 들여다보면서 확인하였다.

직접 국내외의 조세시스템과 국제조세를 경험하고 연구하면서 이제야 국내외를 관통하는 조세의 큰 그림을 그릴 수 있게 되었다. 필자는 이 책에서 그동안 얻은 국제조세에 대한 지식과 경험을 토대로 해외에 투자하는 투자자들이 부딪힐 수 있는 국제조세에 관한 문제를 투자자의 입장에서 하나하나 짚어 보고 차근차근 풀어 나가고자 한다.

국내의 투자자가 국제거래를 할 때 우리나라와 투자대상국 양쪽에서 발생하는 납세의 의무가 있다. 이를 부동산투자, 주식투자, 법인

투자 등 국제거래의 유형에 따라 분류하여 살펴보고, 한 가지 거래에 대하여 우리나라와 외국의 조세가 이중과세(Double taxation)되는 문제를 해결하기 위해 마련된 제도들을 설명한다. 세금은 상거래가 이루어졌을 때만 발생하는 것이 아니다. 해외 재산의 상속과 증여에 부과되는 세금을 유형별로 자세히 알아본다.

우리나라는 미국을 비롯한 각국과 조약 및 협정을 체결하여 과세정보를 상호 교환하고 있다. 교환되는 과세정보의 내용과 정보 교환의 메커니즘을 이해하면 투자대상국에서 비거주자 계좌를 개설하는 등의 기초적인 실무에 대응할 수 있을 것이다.

최근 투자자들의 관심 대상으로 떠오른 해외금융계좌신고제도와 미국의 해외금융계좌신고제도(FBAR), 미국 특유의 해외계좌납세협력법(FATCA)에 따라 신고 의무가 발생하는 해외 재산과 신고의 방법 등을 상세하게 소개한다.

현지법인과의 거래에서 필연적으로 발생하는 이전가격과 과소자본과세제도에 대해서는 독자들이 반드시 알아야 하는 부분을 중심으로 기술하였다.

국제거래에 대한 조세상의 분쟁이 발생하였을 때 어떤 조세불복절차를 거쳐 이의를 제기할 수 있는지도 중요한 문제다. 우리나라의 국세청 또는 외국의 세무관청을 상대로 한 이의제기의 절차와 이의가 받아들여지지 않았을 때 취해볼 수 있는 조정제도인 국가간상호합의(MAP)를 소개한다.

해외 투자를 준비하는 투자자라면 반드시 이해해야 할 것이 해외 홀딩컴퍼니와 파트너십이다. 여러 그림으로 쉽게 설명한 내용을 바탕으로 해외 투자자들이 투자를 위한 회사구조(Structure)를 기획하는 데 필요한 정보로 유익하게 활용할 수 있을 것이다.

끝으로 일정한 국제거래에 대하여 국세청은 어떻게 대응하는지, 그리고 법원은 이러한 국세청의 결정을 어떠한 시각에서 바라보는지를 여러 사례를 들어 소개함으로써 독자 여러분이 국제조세의 큰 그림을 이해할 수 있도록 하였다.

사전 지식이 많지 않은 독자를 상정하고 국제조세에 관련된 방대한 내용을 최대한 쉽게 풀어서 엮으려고 노력하였다. 모쪼록 이 책을 통해 독자들이 전문가의 영역으로만 생각되던 국제조세를 보다 쉽게 이해하고 자신 있게 해외투자에 나서는 계기가 되기를 기대한다. 이 책이 국제거래에서 높은 세금의 파도를 만나 자칫 표류할 수 있는 독자들에게 믿을 수 있는 나침반의 역할을 할 수 있도록 필자 역시 계속 노력할 것임을 약속드린다.

2

국제조세란 무엇인가?

한국수출입은행 통계에 따르면, 2017년 우리나라의 해외직접투자는 437억 달러로 사상 최고를 기록하였다. 해외에 새로 설립된 현지법인의 수 역시 3,411개로 최근 5년 중 최고치를 나타내고 있다.

좀 더 자세히 들여다보면, 북미지역이 36%로 가장 많은 투자가 이루어졌고 중국을 포함한 아시아는 28%로 다음으로 많은 투자가 이루어졌다. 국가별로는 미국이 153억 달러로 가장 많이 투자된 국가였고 다음으로 캐러비안의 작은 섬들인 케이만군도가 50억 달러, 홍콩이 30억 달러로 그다음을 차지하였다.

특이할 만한 것은 해외직접투자 금액의 81%가 이른바 대기업에 의해 이루어졌으나 현지에 설립된 법인의 85%인 2,886개는 중소기업이나 개인투자자에 의해 설립되었다는 것이다. 다시 말해 해외직접투자 건수를 기준으로 85%가 평균 투자금액 약 2백 60만 달러 정도의 중소기업이나 개인투자자의 투자라는 것이다. 이는 중소기업이나 개인투자자의 국제투자에 대한 관심도를 반영한 결과로서 시사하는 바가 크다.

이러한 국제거래에서 빠질 수 없는 것이 세금이다. 한때 구글이나 애플은 막대한 세금을 회피하기 위해서 회사의 일부를 버뮤다나 아일랜드 등에 이전하였다고 하여 문제가 되기도 하였다. 이러한 세계 최대의 기업들조차 될 수 있으면 회피하고자 하는 그리고 결과적으로 많은 논란의 대상이 되는 국제조세!

그러면 국제조세란 무엇일까? 국내세법의 어디에도 국제조세에 대한 정의는 없다. 그러나 우리는 국제조세란 국제거래에 대한 세금이라는 것을 그 용어에서 충분히 짐작할 수 있다.

일반적으로 국제조세는 국내세법 중에 국제거래에 해당하는 일부분, 외국세법 중에 국제거래에 해당하는 일부분, 조세조약과 조세조약에 대한 OECD 모델과 해석, 국제적인 조세부과에 대한 각종 OECD 권고안, OECD 이전가격 가이드라인, 상호합의(MAP) 그리고 국제거래에 대하여 형성된 판례 등을 포함하는 개념이라고 할 수 있다.

국내세법 중에서는 '국제조세조정에 관한 법률'이 대표적인 국제조세에 관한 법이고 소득세법과 법인세법 중 국경을 넘는 거래, 즉 국제거래에 대한 일부 조항도 역시 국제조세를 다루고 있다.

거주자("내국인"이라는 용어와 비슷하지만 이후의 장에서 좀 더 자세히 설명하기로 한다)가 국내에 있는 회사나 개인과 거래를 하거나 국내의 자산으로부터 발생하는 소득은 국내 세법에 따라 세금이 결정된다. 이

```
              국제조세
  국내        조세조약          외국
세법, 판례   OECD 모델과 권고안   세법, 판례
           OECD TP 가이드라인
           상호합의, 국제판례
```

러한 국내 세법에는 소득세법, 법인세법, 부가가치세법, 상속및 증여세법, 지방세법 등이 있다.

비거주자("외국인"이라는 용어와 비슷하지만 이후의 장에서 좀 더 자세히 설명하기로 한다)가 국내에 있는 회사나 개인과 거래를 하거나 국내의 자산으로부터 발생하는 소득에 대하여도 기본적으로 내국세법에 따라 과세된다. 소득세법과 법인세법에는 특별히 비거주자의 국내원천소득에 대하여 어떻게 과세할지가 규정되어 있다.

그러면 거주자가 외국에 있는 회사나 개인과 거래를 하거나 해외의 재산으로부터 발생하는 소득은 어떨까? 이것은 그리 간단하지 않다. 내국세법, 외국세법, 국제조세조정에 관한 법률, 조세조약이 모두 연관되기 때문이다. 특수한 경우에는 OECD 모델(OECD Model Tax Convention on Income and on Capital)에 대한 해석(Commentaries), OECD Transfer Pricing Guideline 및 각종 OECD 권고사항 등도 국제거래를 해석하고 해결하는 중요한 규정으로 작용하기도 한다.

예를 들어 보자. 국내 중소기업의 이사인 강부자 씨는 회사가 캐나다에 현지법인을 설립하면서 현지법인의 주재원으로 1년 가까이 가

족과 함께 캐나다에서 살고 있다. 캐나다 생활에 익숙할 즈음 현지에 있는 지인으로부터 소개를 받아 캐나다에 소재하는 자원개발회사인 LordCo 의 지분에 투자를 하였다.

투자 다음 해, LordCo는 주주에게 1주당 $1의 배당을 결정하고 강부자 씨에게 배당금 $10,000 중에 $2,100의 Dividend tax를 제외하고 나머지인 $7,900를 지급하였다. 강부자 씨는 캐나다에서 세금을 납부하였으니 모든 것이 정산된 것으로 알고 현지 생활을 계속 하고 있다.

과연 강부자 씨는 모든 조세 문제를 정산한 것일까? 아니다. 강부자 씨는 자신도 모르는 사이에 한국과 캐나다의 법에서 정한 의무를 다하지 않았다.

강부자 씨는 해외에 근무하는 주재원이지만 소득세법상으로는 국내의 거주자로서 소득세법에 따른 소득세 납세의무가 있다. 즉, 국내에서 이사로서 받는 기본급은 물론 현지 주재원으로서 받는 급여 그리고 해외에서 발생하는 배당금도 합하여 신고하여야 하는 것이다.

캐나다의 세법상 강부자 씨는 183일 이상을 캐나다에 거주하였기 때문에 캐나다의 소득세 납세의무가 동시에 발생할 수 있다. 이런 경우, 캐나다에서 받은 배당소득은 다음 해 5월까지 한국 국세청에 신고하여야 하고 동시에 캐나다 국세청에도 신고하여야 한다. 이 경우 원천징수당한 배당소득세(Dividend tax)는 차감하고 개인소득세를 납부하게 된다.

조세조약상 개인은 결국 어느 한 나라의 거주자일 수밖에 없다. 이는 두 나라에서 동시에 거주자로서의 의무를 지지 않음을 뜻한다. 따라서, 강부자 씨는 소득을 신고하기에 앞서 자신이 어느 나라의 거주자에 해당하는지 공식적으로 문의할 수 있다. 이 경우 한국 국세청은 여러 가지 사실을 가지고 강부자 씨가 어느 나라의 거주자인지를 최종 판단하게 될 것이다.

종종 이러한 이중거주자 문제는 상대방 국세청과의 상호합의를 통하여 해결되기도 한다. 이 과정에서 기본적으로 한국과 상대국이 맺은 조세조약이 결정의 기준이 되고, 때에 따라서는 조세조약에 대한 OECD 모델의 해석(Commentaries)도 중요한 판단의 기준으로 작용하기도 한다.

어느 나라든 고유의 과세권을 포기하고자 하는 나라는 없을 것이다. 특히 다국적기업이 법인세가 낮은 나라나 지역으로 회사의 소득과 자산을 이전하거나 유명 외국펀드가 조세피난처를 통해 국내에 진출하여 막대한 이익을 남기고 세금은 거의 내지 않는 경우 등과 같이 두 나라 혹은 여러 나라의 과세주권이 첨예하게 대립하는 경우도 있다.

조세조약과 국제조세조정에 관한 법률 등 국제조세는 이러한 각 국가의 과세주권을 지키기 위한 노력의 결정체다. 그러나 이러한 과세주권을 지키기 위한 노력이 항상 공정한 결과로 화답하지는 않는다. 이는 나라마다 다른 문화, 역사적 배경, 법체계, 제도 등에서 오는 자연스러운 현상이라고 할 수 있다. 국가 간의 국제조세의 분쟁이 제도적인 시스템에 의해서 정상적인 과정을 통해서 해결된다기보다는 국가 간의 분쟁 해결 방법인 상호합의(Mutual Agreement Procedure)를 통해 해결되는 건수가 매년 증가한다는 OECD의 통계가 이를 잘 말해 준다.

3

해외 부동산투자

　부동산투자에 대한 리스크는 통계적으로 회사에 대한 지분투자(Equity)와 채권투자(Bond)의 중간 정도에 위치하고 있고, 투자의 기대수익 또한 그 중간에 위치하고 있다. 따라서 부동산에 대한 투자는 항상 주식 등 지분투자와 함께 포트폴리오의 한 축을 형성하여 왔다. 지분투자 혹은 채권투자에 대한 투자수익율과 부동산투자에 대한 투자수익율을 비교하여 어떻게 투자비율을 결정할 것인지(Asset Allocation)는 순전히 투자자의 몫이다.

　그러나 국내의 부동산투자는 부동산에 대한 특유의 국민 정서와 얽혀 단순히 경제논리만 가지고 장기적인 투자에 대한 의사결정을 할 수 없는 것이 현실이다. 부동산투자에 대한 수익은 경제논리보다는 정치논리에 많이 좌우되는 경향이 있고, 이러한 현실은 투자자들의 미래에 대한 예측가능성을 심각하게 훼손하고 불확실성을 키우는 데 한몫을 하고 있다.

이러한 이유 때문에 국내 투자환경에서 벗어나 보다 예측이 가능한 해외의 부동산으로 눈을 돌리는 국내 투자자가 늘어나고 있다. 이러한 투자자들은 개인의 자격으로 해외의 부동산을 투자하기도 하고, 다양한 형태의 현지법인을 통해 부동산에 투자하기도 한다.

국내 투자자가 해외에 있는 부동산을 사고 파는 경우에 단계별로 무엇을 어디에 어떻게 신고하여야 하는지는 가장 기본적인 문제이다. 그리고 해외의 부동산 매매로 인한 세금을 어디에다 얼마나 내어야 하는지는 가장 중요한 문제에 해당한다.

해외 부동산에 투자하는 투자자는 해외에 있는 부동산을 사기 위해서 외화를 송금할 때나 부동산을 팔고 외화를 다시 국내에 반입할 때 등 그때그때 은행에 여러 가지 신고를 하여야 한다. 그리고 각 단계별로 세금에 대한 문제도 발생한다. 아래에서는 부동산 구매와 보유 그리고 처분할 때 발생하는 여러 문제에 대하여 하나하나 살펴보도록 하자.

1. 해외 부동산을 구입할 때

해외에 있는 부동산을 구입하기 위해서는 우선 구입에 필요한 외화를 송금하고 투자에 따른 수익을 국내로 반입하기 위한 나만의 외국환은행을 지정하여야 한다. 이러한 외국환은행은 시중의 은행 중에

한 곳만을 지정하여 거래하여야 한다. 일단 외국환은행을 지정하게 되면 외국환거래법에서 규정하는 사후적으로 발생하는 여러 가지 신고를 그 지정된 은행을 통해서만 할 수 있다.

은행에 부동산 취득을 신고

먼저 해외의 부동산을 구입하기 위해서는 국내에 보유한 원화를 부동산이 있는 나라의 외화로 환전하여 송금하여야 한다. 외화를 해외로 송금하기 위해서는 은행에 부동산취득신고서를 제출하여야 한다. 이때 국세청에서 발급한 납세증명서를 함께 제출하는데, 납세증명서는 국가에 납부하여야 하지만 납부하지 않은 세금이 있는지를 나타내는 증명서로서 투자를 위해 자금을 해외로 송금하기 전에 우리나라에 내야 할 세금을 모두 내었는지 확인하는 절차이다.

국세청에 부동산 취득을 신고

해외 부동산을 취득한 다음 해 5월에는 국세청에 소득세를 신고하면서 해외의 부동산을 구입한 사실을 신고하게 된다. 이때 제출하는 것이 해외부동산취득및투자운용명세서이다. 여기에는 구입한 해외부동산의 정확한 주소와 구입에 소요된 금액, 만약 부동산을 공동으로 구입하였다면 그 소유지분과 공동구입자의 인적사항을 기재하도록 하고 있다.

앞서 투자자로부터 해외 부동산 취득신고를 받은 은행은 외국환거래규정에 의해서 정기적으로 그 자료를 국세청에 제공하고 있다. 이러한 자료는 나중에 투자자가 국세청에 신고한 자료를 검증하는 데 중요한 역할을 하게 된다. 따라서 은행에 신고한 내용과 국세청에 신고한 내용에 차이가 나지 않도록 각별히 유의하여야 한다.

해외부동산취득및투자운용명세서와 함께 매매계약서(Contract of purchase and sale)와 등기부등본(State of title certificate) 사본을 함께 첨부한다.

국세청에 부동산 임대수익을 신고

해외 부동산을 구입한 해에 구입한 부동산을 바로 임대하였을 경우에는 해외부동산취득및투자운용명세서에 임대수입을 기재하여 신고하여야 한다. 여기에는 임대한 호수, 임차인의 이름, 임대시작일, 보증금과 월세 등을 기재하도록 하고 있다.

해외에 부동산을 구입하거나 임대 등 운용에 따른 수익이 발생하였지만 다음 해에 국세청에 해외부동산취득및투자운용명세서를 소득세 신고와 함께 제출하지 않는 경우에는 과태료가 부과되므로 유의하여야 한다.

해외 부동산 취득에 따른 세금 문제

해외 부동산을 구입하는 것은 세금의 측면에서 보면 국내의 부동산을 구입하는 경우와 다른 것이 없다. 일단 국내의 부동산을 구입하였을 때와 같이 현지에서 취득세와 등록세에 해당하는 거래세(Property transfer tax)를 내는 것을 제외하고는 부동산의 구입으로 인하여 발생하는 세금은 없다.

그러나 유의해야 할 것은 해외 부동산의 취득이 증여세 대상에 해당하는지 함께 검토하여야 한다는 것이다. 많은 경우 자녀가 해외에서 유학을 하거나 취업을 하는 경우 렌트의 대안으로 자녀의 명의로 주택을 취득하게 되는데, 부모를 포함해 다른 친척 등으로부터 자금을 증여받아 해외의 부동산을 취득하는 경우에는 한국의 상속증여세법에 따라 증여세를 신고하여야 한다.

국세청은 은행 자료를 공유한다

국세청은 투자자가 작성하여 제출한 해외부동산취득신고서와 관련된 서류를 외국환거래규정에 따라 은행으로부터 다음 달 20일까지 통보받는다. 이 자료는 다음 해 투자자가 소득세 신고 기간에 국세청에 제출하는 해외부동산취득및투자운용명세서와 함께 국세청이 누가 어떠한 부동산을 취득하였는지 알 수 있는 유용한 자료가 된다.

이 단계에서 만약 국세청이 자녀의 직업이나 나이, 소득 등으로 미루어 해외 부동산 구입자금을 자력으로 취득하였다고 보기 어렵다고 판단하게 되면 취득자금에 대한 소명을 요청할 수 있다. 구입자금에 대한 출처가 충분히 소명되지 않는 경우, 소명되지 않는 부분은 증여로 추정되어 증여세를 부과하는 것이다.

참고로 자녀 등 증여를 받는 사람이 서른 살 이상의 세대주일 때에는 자산 취득자금 중 2억 원까지는 자금출처가 소명되는 것으로 간주하게 된다.

2. 해외 부동산을 보유할 때

　해외의 부동산을 취득하여 단순히 투자차익 실현 목적으로 보유만 하고 있다면 한국의 국세청에 신고할 보유에 따른 세금은 없다. 다만 나라에 따라 다르겠지만 일반적으로 우리나라의 재산세에 해당하는 세금(Property tax)이 중앙정부나 지방정부에 의해 부과된다.

　해외 주택을 취득하고 실제로 투자자가 해외 주택에서 거주하는 경우에는 소득이 발생하지 않으므로 우리나라 국세청에 신고하여야 할 세금은 없다. 그러나 해외의 부동산을 구입하여 가지고 있는 투자자는 그 부동산에서 투자수익이 발생하는지에 상관없이 소득세를 신고할 때에 해외부동산취득및투자운용명세서를 제출하여야 함에 유의하자.

해외 부동산 임대소득(렌트)은 어느 나라에 내나?

　만약 해외의 부동산을 렌트하여 수익이 발생한다면, 이를 어느 나라에 신고하여야 할까? 이 경우는 투자자가 한국의 거주자인지 부동산이 있는 나라의 거주자인지에 따라 다르다.

　만약 투자자가 한국의 거주자(국내에 주소가 있거나 183일 이상 거소를 둔 개인)라면 그는 해외 부동산의 임대소득에 대하여 다음 해에 한국 국세청에 투자자의 다른 소득에 그 소득을 합하여 신고하여야 한다. 그리고 해외에서 임대소득에 대하여 원천징수된 세금(Withholding tax)이 있다면 이것은 국내에서 납부할 세금을 줄여 주게 된다.

　만약 투자자가 부동산이 있는 나라의 거주자이고 우리나라의 비거주자에 해당한다면 그는 그 임대소득을 국내에 신고할 의무가 없다. 대신에 투자자는 부동산이 있는 나라의 국세청에 소득세를 신고(Tax Return)할 때에 렌트에 따른 소득을 신고하여야 한다. 그러나 이 경우에도 한국에서 발생한 소득이 있다면 여전히 한국 국세청에 소득세를 내야 할 의무가 있다.

우리나라의 소득세법은 거주자에 대하여 과세하는 소득의 범위를 국내외에서 발생하는 모든 소득(Worldwide Income)으로 명시하고 있고, 이것은 대부분의 외국도 마찬가지이다.

해외 부동산이 있는 국가에서 그 나라의 세법에 따라 렌트소득에 대하여 납부한 세금은 소득세 신고 시에 외국납부세액이나 필요 경비에 산입하는 방법으로 공제받을 수 있기 때문에 동일한 렌트소득에 대하여 두 나라가 동시에 과세하여 이중으로 세금을 납부하는 이중과세(Double Taxation)는 발생하지 않는다.

그러나 조세조약이 체결되지 않은 국가에서는 예외의 상황이 발생할 수도 있다. 즉 이중과세의 상황이 발생할 수 있고, 대부분의 조세조약을 체결하지 않은 나라의 경우 국제적인 상호합의 등을 통해 이중과세의 문제가 해결되길 기대하는 것도 어려울 수 있다. 왜냐하면 두 국가를 동시에 기속하는 어떠한 조세조약이나 합의(Agreement)가 존재하지 않기 때문이다.

어떤 환율을 이용하는가

해외 부동산 렌트에 따른 소득을 국내에 신고할 때 어떠한 환율을 적용하여야 하는지도 문제가 될 수 있다. 대부분의 렌트는 계약서

(Rent Agreement)를 작성하는데 이 경우에는 계약서에 임대료를 주고 받기로 약속한 날의 환율을 적용하여 원화로 환산한다. 만약에 계약서에 언제 임대료를 지급하여야 하는지에 대한 내용이 없는 경우에는 실제로 지급받은 날의 환율을 적용하여 원화로 환산하면 된다.

외국의 경우 렌트를 하게 되면 일반적으로 부동산 관리회사에 매월 지급하는 수수료(Management Fees), 현지 직원에 대한 급여, 광고비 그리고 비정기적으로 발생하는 보수비용 등이 발생한다. 이는 국내에서 소득세를 신고할 때 비용으로서 공제된다. 환율에 대해서는 그 비용을 지급할 때마다의 환율을 적용하여 원화로 환산하면 된다.

해외부동산 임대소득금액에 대응하는 비용에 대한 입증서류가 없는 경우에는 법에 규정된 계산 방식으로 일정의 비용을 공제하고 소득세 과세소득을 신고하는 방법도 있다. 이를 '추계신고'라고 한다.

3. 해외 부동산을 처분할 때

조세조약에 대한 OECD 모델(Model tax convention on income and on capital)은 조세조약 체결국 간에 부동산(Immovable property) 양도소득(Capital Gain)에 대하여 어느 나라에서 과세할 수 있는지에 대한 가이드라인을 제시하고 있다.

OECD 모델은 "부동산의 양도소득에 대하여 부동산이 소재하는 나라에서 과세할 수 있다(Gains derived by a resident of a Contracting State from the alienation of immovable property situated in the other

Contracting State may be taxed in that other State)."고 규정하고 있다. 그리고 우리나라가 외국과 체결한 조세조약은 이러한 가이드라인을 충실하게 반영하고 있다.

어떠한 나라는 부동산 양도소득(Capital Gain)에 대하여 과세하지 않는다. 또 어떤 나라는 법인이 양도하는 부동산에 대하여는 과세하지만 개인이 양도하는 부동산에 대해서는 과세하지 않는다.

따라서 염두에 둘 것은 우리나가가 조세조약을 체결한 90여 개국이 모두 일률적으로 부동산의 양도소득(Capital Gain)에 대하여 어느 나라에 소득세를 내야 하는지 일률적으로 규정하지 않는다는 것이다. 각기 그 나라와 체결한 개별 조세조약이 부동산 양도소득을 어디에 신고하여야 하는지에 대한 최고의 규범이고 OECD 모델의 해석(Commentaries)은 최고의 판단 기준이 되는 것이다.

현실적으로 우리나라가 미국 등 대부분의 나라와 체결한 조세조약에서는 부동산이 있는 나라에서 양도소득(Capital Gain)을 과세할 수 있다고 규정하고 있다. 이는 곧 부동산이 소재하는 나라가 양도소득세 신고(Tax return on capital gains) 의무를 부여하고 있는 한 부동산이 소재하는 나라에 양도소득세를 신고하고 납부하여야 한다는 것이다.

우리나라 거주자는 부동산이 소재하는 나라에 부동산의 양도에 따른 세금을 납부하는 것과 별도로 한국 국세청에도 양도소득을 신고하여야 한다. 이 경우, 현지 국가에서 낸 해외 부동산 양도소득 관련 세금은 한국의 소득세 신고 시 공제되거나 비용으로서 산입되어 소득세를 줄이게 되는 것이다. 나라 간에 동일한 양도소득(Capital Gains)에 대하여 이중과세(Double Taxation)가 되는 것을 방지하기 위하여 해외에서 납부한 양도소득세(Capital Gain Tax)는 세액공제를 받거나 또는 필요 경비에 산입하는 방법으로 조정되는 것이다.

예를 들어 어떤 사람의 국내적용 소득세율이 38%이고 해외 부동산이 있는 나라의 세율이 15%라면 양국의 세액 차이만큼을 국내에 세금을 더 내면 되며, 반대로 특정인의 국내 적용세율이 15%이고 부동산 소재지국 세율이 20%라면 국내에서 세금을 낼 필요는 없지만 해외에서 더 낸 세금을 환급받을 수는 없다.

해외 부동산에 대한 양도소득은 양도한 달의 말일부터 2월 이내에 예정신고 하여야 하고, 같은 해에 해외 부동산을 여러 건 매매한 경우에는 예정신고와 더불어 다음 해 5월에 확정신고를 하여야 한다.

해외 부동산 양도의 납세의무자

해외 부동산을 매매할 때 그 양도소득은 해외 부동산을 매매할 때까지 계속하여 5년 이상 한국에 주소를 두거나 또는 거소를 둔 사람만이 납세의무가 있다. 가족의 일부 혹은 일시적으로 가족 전체가 해외 주택에서 거주하였더라도 해외 주택 양도일까지 계속 5년 이상 국내에 주소 또는 거소를 둔 경우에는 이에 해당한다. 이러한 거주자 해당 여부는 국내에 있는 재산 상태, 국내에 거주하는 가족, 직업 등 모든 사정을 고려하여 판단될 것이다.

해외 부동산의 1세대 1주택

그러면 해외에 보유하고 있는 주택은 1세대 1주택 비과세를 받을 수 있을까? 안타깝게도 국내 소재 부동산과 달리 해외 부동산은 1세대 1주택의 비과세가 적용되지 않는다. 따라서 해외에 소재하는 부동산이 투자자가 보유한 오직 1채의 주택인 경우에도 비과세되지 않는다.

해외 부동산 양도 시 제출할 서류

해외 부동산의 양도에 관한 소득세는 실지거래가액(Proceeds of Disposition)으로 과세되므로 신고할 때에 이를 증명할 수 있는 서류를 함께 제출하여야 한다.

여기에는 매매계약서(Contract of purchase and sale), 등기부등본(State of title certificate), 외국에 신고한 양도세신고서(Tax return on capital gains), 자본적지출액(Legal Fees, Capital Costs), 취득 및 양도에 소요된 비용(Real Estate Commission, Transfer Tax, Insurance Binder Fee, Finder's Fees, Fees for Preparing Tax Returns) 등이 해당한다.

국세청 조사 시 양도가액의 산정

양도소득세는 원칙적으로 신고와 동시에 그 세액이 확정된다. 그러나 예외적으로 국세청이 조사를 통해서 그 세액을 확정하는 경우도 있다. 만약 국세청이 조사를 통해서 양도소득세를 확정하는 경우, 국세청에서 실제로 양도한 금액을 알 수 없다면 어떠한 금액을 양도금액으로 하는 것일까?

이 경우에는 해외 부동산의 양도와 관련하여 외국정부가 평가한 것이 존재하는 경우 그 평가한 금액을, 해외 부동산 매매일 전후 6개월 이내 실지거래가액이 있는 경우는 그 금액을, 감정가액이나 보상가액이 존재하는 경우는 그 금액이 실지거래가액으로 간주된다.

다만 그러한 가액이 없는 경우에는 그 부동산의 종류, 규모, 거래상황 등을 고려하여 상속세 및 증여세법을 준용하여 국세청이 자체 평가한 금액을 적용하게 되는 것이다.

어떠한 환율을 이용하는가

해외 부동산의 양도금액을 신고할 때 적용되는 환율은 그 양도대금을 받은 날의 환율로 적용된다. 만약 여러 차례에 걸쳐 매매대금을 받았을 경우에는 매번 받을 때의 환율을 적용하여 합하면 된다. 비용은 지출한 날의 환율을 적용하여 합산한다.

해외 부동산 매매의 경우에 잔금(Balance)은 보통 매매계약이 있은 후 1~2개월 내에 지급받는 것이 일반적이지만, 장기에 걸쳐 분할하여 받는 조건으로 매매계약을 할 수도 있다. 이러한 경우에는 소유권이전등기 접수일(Application Date) 또는 사용수익일(Possession Date) 중 빠른 날에 양도한 것으로 보며, 원화로의 환산도 그때의 환율을 적용하여 양도금액을 산정하게 된다.

또한 해외 부동산의 경우 2007년까지 양도분에 대하여는 장기보유특별공제가 적용되었으나, 2008년 양도분부터는 해외 부동산 전체에 대하여 장기보유특별공제가 적용되지 않음에 유의하자.

해외 주택과 국내 주택의 차이

해외 주택의 양도와 국내 주택의 양도의 차이점은 해외 주택은 1세대 1주택 비과세 및 장기보유특별공제가 해당되지 않고 기준시가 규정 또한 해당되지 않는다는 점이다. 해외 주택의 양도 시에는 국내 주택의 양도와 동일한 기본세율(6%~42%)이 적용되지만 국내 주택 양도자에게 해당되는 다주택자 중과세율 등은 적용되지 않는다. 또한 국내 부동산의 양도로 인한 양도소득세 계산 시 해외 주택은 국내 주택 수의 계산에서 제외된다.

국내에 있는 A부동산에서는 양도로 인해서 이익이 발생하고 B부동산에서는 양도로 인해서 손실이 발생한다고 가정할 경우, B부동산의 양도차손은 A부동산의 양도차익에서 공제되므로 양도소득세가 줄어들게 된다.

그러나 해외의 부동산과 국내의 부동산에서 발생한 양도소득은 서로 합산하지 않고 별도로 계산되므로 양도차익과 양도차손 또한 통산할 수 없다. 다시 말해, 해외 부동산에서 양도로 인하여 손실이 발생한 경우 다른 해외 부동산의 양도로 인한 이익에서만 통산하여 양도세를 줄일 수 있지, 국내의 부동산에서 발생한 양도소득에서 차감되지 않는다는 것이다.

환율차익은 양도소득이 아니다

해외 부동산을 구입할 때 현지의 은행에서 외화자금을 빌려서 구입하였다면, 해외 부동산을 팔게 되면 매도와 동시에 빌린 자금을 상환하게 된다. 이때 차입할 때와 상환할 때의 환율 차이로 인해서 이익이 발생할 수 있다.

　이러한 것을 '환차익'이라고 하는데, 환차익은 양도소득에 포함하여 신고할 필요가 없다. 왜냐하면 환차익은 환율변동으로 발생된 소득이지, 양도소득과는 무관하기 때문이다. 같은 논리로 외화차입금 상환 시 발생하는 외환차손은 양도소득세를 계산할 때 비용에도 해당하지 않는다.

　예를 들어 설명하자면, 강부자 씨가 미국에 소재하는 부동산을 2017년에 2백만 달러에 구입하여 2019년에 3백만 달러에 팔았다고 가정하자. 구입 당시에 1백만 달러는 현금으로, 1백만 달러는 현지 은행에서 외화를 차입하여 자금을 조달하였는데 구입할 당시의 환율은 900원이었고 매도할 당시의 환율은 1,000원이라고 가정하자. 그러면 양도소득 가운데 '1억 원=1백만 달러×(1,000-900)'은 환차익으로서 양도소득에서 제외된다는 것이다.

은행에 해외 부동산의 양도를 신고

　해외 부동산을 양도하게 되면 해외부동산처분보고서를 부동산 처분 후 3달 이내에 은행에 제출하여야 한다. 투자자로부터 제출받은 해외부동산처분보고서는, 해외부동산취득보고서와 같이 외국환 거래 규정에 따라 국세청에 통보되며 이는 국세청에서 양도소득세 등 제반 의무사항을 준수하였는지 검증하는 데 활용된다.

4. 해외 부동산주식

우리나라가 외국과 체결한 조세조약을 보면 해외 부동산주식과 관련하여 별도로 규정하고 있는 경우가 많다. 해외 부동산주식이란 해외 법인 자산의 50% 이상이 부동산으로 이루어진 회사의 주식을 말한다. 이것은 소유지분을 양도하는 것이지만 사실 부동산을 양도하는 것이라고 보아도 과언이 아닌 주식을 말한다.

우리나라에서 신고할 부동산주식

조세조약상 부동산회사 지분의 양도에 대하여 다음의 나라에 있는 부동산회사의 주식을 양도하는 경우에는 한국에서만 양도소득세를 신고납부하여야 한다. 즉, 주식 소유자의 거주지국에서 과세하는 것이다.

네덜란드, 벨기에, 그리스, 남아프리카공화국, 덴마크, 라오스, 러시아, 루마니아, 말레이시아, 벨라루스, 불가리아, 스리랑카, 슬로바키아, 아이슬란드, 알제리, 오만, 우즈베키스탄, 이집트, 인도네시아, 체코, 쿠웨이트, 크로아티아, 튀니지, 파푸아뉴기니, 포르투갈, 폴란드, 피지, 헝가리

우리나라 거주자가 위 나라의 부동산 주식에 투자하여 양도한 경우 우리나라에만 양도소득세를 신고납부 하여야 한다. 위 나라는 부동산주식에 대하여 과세할 수 있는 권한이 없다. 반대로 말하면, 위 국가의 거주자가 우리나라의 부동산주식을 사고팔아도 우리나라에서는

과세가 불가능하다는 것이다.

외국에 신고할 부동산주식

다음의 나라에 있는 부동산회사의 주식은 부동산회사가 소재하는 나라에서 과세가 가능하다. 이런 경우 부동산회사가 있는 나라에서 양도소득을 신고하거나 원천징수에 의해 위드홀딩택스(Withholding Tax)를 납부한 이후 우리나라 국세청에도 양도소득세를 신고납부 하여야 한다. 이때 부동산회사가 있는 나라에서 납부한 세금은 외국납부세액으로 공제가 가능하다.

미국, 인도, 일본, 중국, 뉴질랜드, 독일, 룩셈부르크, 베트남, 브라질, 아일랜드, 영국, 캐나다, 프랑스, 호주, 네팔, 노르웨이, 라트비아, 리투아니아, 멕시코, 모로코, 몰타, 몽골, 미얀마, 방글라데시, 베네수엘라, 사우디아라비아, 스웨덴, 스위스, 스페인, 슬로베니아, 싱가포르, 아랍에미리트연합국, 아제르바이잔, 알바니아, 에스토니아, 에콰도르, 오스트리아, 요르단, 우루과이, 우크라이나, 이란, 이스라엘, 이탈리아, 칠레, 카타르, 카자흐스탄, 콜롬비아, 키르기즈, 태국, 터키, 파나마, 파키스탄, 페루, 핀란드, 필리핀

조세조약은 나라 간의 변화된 조세환경을 반영하여 계속 변화하기 때문에 해외 투자에 앞서 가장 최근의 조세조약을 참조하는 것이 꼭 필요하다.

해외 부동산주식의 배당금

해외 부동산주식에서 받는 배당금(Dividend)은 소득세를 신고할 때 다른 소득과 합산하여 소득세를 납부하면 된다.

해외송금 한도

해외에 있는 부동산의 취득과 관련하여 2006년까지는 외국환의 송금한도가 있었다. 그러나 현재는 그 취득의 목적이 주거이든 투자이든 송금한도 없이 해외로 송금이 가능하다.

4

해외 주식투자

해외 주식투자란 국내의 증권사에 외국법인의 주식을 거래하기 위한 계좌를 개설하고 증권사의 인터넷 주식거래시스템을 이용하여 외국의 주식시장에 상장된 회사의 주식을 직접 거래하는 방식이다.

취득자금의 증여

유의하여야 할 것은 주식을 취득하기 위해서 자금을 송금할 때 해외 주식의 취득이 증여세 대상에 해당하는지 검토하여야 한다는 점이다. 부모를 포함해 다른 친인척으로부터 증여를 받아 해외 주식을 취득하는 경우에는 한국의 상속증여세법에 따라 증여세를 신고하여야 한다.

배당금을 받을 때

외국의 증권시장에 상장된 외국회사로부터 주식보유에 따른 배당금을 받는 경우, 국내증권사가 14%의 세율로 소득세를 원천징수하게 되며, 만약 그 회사가 소재하는 해외에서 배당소득(Dividend)에 대하여 이미 원천징수를 통해 위드홀딩택스(Withholding Tax)를 납부하였다면 14%에서 외국에서 납부한 위드홀딩택스를 차감한 금액을 소득세로 원천징수한다. 외국에서 납부한 위드홀딩택스는 소득세를 신고할 때 외국납부세액 공제를 통해 납부할 세금을 줄여 준다.

양도로 인한 소득

우리나라 증권사의 주식거래시스템을 이용하여 외국의 증권시장에 상장된 주식의 매매를 통해 매매차익이 발생하였다면 양도소득세를 납부하여야 한다. 여기서 참고할 것은, 개인이 소액주주로서 국내 증권시장에 상장된 회사의 주식을 양도하는 경우에는 양도소득에 대하여 과세하고 있지 않지만, 우리나라 거주자가 외국에 있는 주식시장에 상장된 외국회사의 주식을 매매하거나 또는 상장되지 않은 외국회사의 주식을 매매하면서 발생되는 양도소득에 대해서는 양도소득세를 신고하여야 한다는 것이다.

우리나라가 체결한 대부분의 조세조약은 주식 등 유가증권의 양도소득은 거주지국에서 과세하도록 규정되어 있다. 즉, 외국회사가 소재하는 나라에서는 주식의 양도소득에 대하여 과세할 수 없고 우리나라만 과세할 수 있다는 것이다. 이때 만약 외국에서 상장된 외국회사의 주식을 매매하면서 외국에서 원천징수하여 납부한 위드홀딩택스

(Withholding Tax)가 있다면 소득세 신고시 외국납부세액으로 공제를 받거나 비용으로서 납부할 소득세가 줄어들게 된다.

양도손실의 공제

같은 해에 다른 해외주식의 거래에서는 이익이 발생하였고 다른 해외주식의 거래에서는 손실이 발생하였다면 그 양도이익과 양도손실을 통산하여 신고할 수 있다. 즉, 양도세의 기본이 되는 양도소득이 해외주식의 양도로 인한 손실액만큼 줄어들어 결과적으로 전체 세금이 줄어드는 것이다. 다만, 해외 주식의 양도손실은 국내주식의 양도이익과 통산하여 양도세를 줄일 수는 없다.

해외주식 매매금액의 원화로 환산

현지의 화폐로 표시된 외국법인 주식의 거래와 관련하여 외화를 원화로 환산하는 방법은 주식을 구입하거나 혹은 양도한 날의 환율을 적용하여 환산하면 된다. 또한 양도비 등 발생한 비용이 있다면 비용이 발생한 날 현재의 환율로 비용을 원화로 환산하면 된다.

해외주식 양도의 신고

양도한 해외주식에 대하여는 2012년부터는 예정신고 없이 5월에 국세청에 확정신고만 하면 된다. 양도소득세 신고 시에는 실지거래가액으로 과세되므로 주식거래내역서, 외화증권의 매매 계약서 사본, 양도 및 취득비용 증빙, 외국 국세청에 신고한 양도소득세 신고서 사본 등 이를 증명할 수 있는 서류를 갖추어 제출하여야 한다.

5

해외 법인투자

해외투자의 문을 활짝 열다

1993년 6월에 외국환거래법의 개정으로 이전까지 존재하던 해외투자 대상국가에 대한 제한이 없어졌고, 1996년 6월에는 해외투자의 업종에 대한 제한을 폐지하여 더 넓은 영역에서 해외로 진출할 수 있게 되었다.

마침내 2008년 6월에는 투자 목적의 해외부동산 취득이 전면 자유화되면서 바야흐로 세계 어느 나라든 어떠한 투자분야에서든 투자금액의 제한없이 자유로운 해외투자가 가능해졌다. 해외투자의 제한이 없어졌다고 해외투자 송금에 부여된 신고의무가 없어진 것은 아니므로 유의할 필요가 있다.

해외 직접투자

외국에 있는 회사에 지분을 투자하는 경우에 투자자가 그 회사에 대한 경영에의 참여 여부에 따라 해외 직접투자와 해외 간접투자로 분류할 수 있다.

외국환거래법에서는 해외 직접투자(Foreign Direct Investment)를 외국의 법에 따라 설립된 법인이 발행한 증권을 취득하거나 금전의 대여를 통해 그 법인과 지속적인 경제 관계를 맺기 위하여 하는 거래나 행위라고 정의하고 있다. 외국환거래법 시행령에서는 좀 더 구체적으로, 경영에 참여하기 위하여 지분을 10% 이상 투자하거나 10% 미만을 투자하더라도 현지의 법인에 임원을 파견하는 등의 실질적인 경영권을 행사할 수 있는 경우를 직접투자라고 정의하고 있다.

이러한 직접투자는 해외에서 새롭게 회사를 설립하거나 영업 중인 회사의 지분을 기존의 주주로부터 인수함으로써 가능하다. 투자자가 현지 회사의 의결권이 있는 주식의 95% 이상을 소유하는 경우에는 단독투자에 해당하고, 2명 이상의 국내 투자자 혹은 기업이 공동으로 운영에 참여하는 경우를 합작투자라고 한다.

해외 간접투자

해외 간접투자(Foreign Portfolio Investment)는 해외 기업의 경영 활동에 참여하지 않고 단순히 지분 보유를 통해 배당금(Dividend)을 수령하는 것을 목적으로 하거나, 이자(Interest)의 수입을 목적으로 자금을 대여하는 것으로서 일반적으로 회사 지분의 10% 미만을 가지고 있는 경우를 말한다.

1. 해외 직접투자의 은행 절차

다음에서는 직접투자의 절차와 직접투자 이후에 어떠한 신고의무가 있는지를 간단히 살펴보고자 한다.

해외 직접투자의 신고

일단 직접투자는 시중은행 중에 한 개를 투자자가 선택하여 본인의 외국환은행으로 지정하고 그 은행을 통해서 해외 직접투자를 신고하여야 한다. 해외 직접투자를 신고할 경우에는 해외 직접투자 신고서를 작성하여 제출하여야 하는데 여기에는 현지법인의 상호와 주소, 증권의 취득인지 자금의 대부인지 여부, 현지법인의 업종, 투자금액, 투자비율, 투자의 목적 등이 표시된다.

또한 신고서에는 사업계획서를 별도로 첨부하게 되는데 여기에는 크게 투자자에 대한 정보, 현지법인에 대한 정보, 투자의 방식, 투자의 개요, 현지법인의 간단한 예상대차대조표 등의 정보가 요구된다.

투자자가 법인일 경우 사업자등록증 사본과 세무서에서 발행하는 납세증명서가 필요하고, 개인인 경우에는 주민등록등본과 납세증명서가 필요하다. 주식을 통한 직접투자 시 회계법인의 주식평가에 관한 의견서와 대부투자 시에는 금전대차계약서를 추가로 제출하여야 한다.

외화증권 취득보고

은행에서 직접투자의 신고가 수리되면 본격적으로 신고된 투자금액을 송금할 수 있다. 그리고 출자금을 현지의 법인에 납입한 날로부터 6달 이내에 외화증권취득보고서를 은행에 제출하여야 한다. 현지법인에 자금을 대여한 경우도 마찬가지이다.

이때 투자자는 회사 설립 내용을 나타내는 등기부등본이나 공증서와 해외투자자의 현지법인에 대한 출자 사실을 확인할 수 있는 주식 사본을 첨부하여 한다. 중국 등 국가에 따라서는 증권의 발행이 없는 경우도 있는데, 이런 경우 증권 대신에 해외투자자의 현지법인에 대한 출자 내용을 확인할 수 있는 서류를 제출한다.

송금보고

투자를 위해 매회 송금 시 은행에 송금(투자)보고서를 제출한다.

연간 사업실적 보고

은행은 해외 현지법인이 신고 내용대로 운영되고 있는지 여부, 현지법인의 경영 실태 및 문제점 등의 파악을 위하여 매 회계기간 종료 후 5월 이내에 현지법인의 연간사업실적 보고서를 제출받는데, 이때 현지의 공인회계사가 작성한 결산서를, 소규모 기업인 경우에는 현지 세무사가 작성한 세무보고서를 함께 제출한다.

연간사업실적보고서를 작성할 때 현지의 통화를 미국달러로 환산하게 되는데, 이 경우 대차대조표 항목은 회계연도 결산일 현재의 환율을, 손익계산서 항목은 회계연도 평균환율을 적용하여 환산한다.

청산보고

투자자가 현지법인을 청산하거나 투자자금을 회수하는 경우, 현지법인의 잔여재산 중에 분배받은 재산이나 회수된 투자금을 현금으로 국내로 회수해야 하고 청산자금을 받는 대로 청산및대부채권회수보고서를 은행에 제출하여야 한다.

2. 해외 직접투자와 국세청 보고

다음으로는 해외 현지법인에 대하여 투자할 때 국세청에는 어떠한 것들을 보고하여야 하는지에 대하여 알아보자.

법인의 국세청 보고의무

해외 직접투자를 한 내국법인이나 해외에 있는 부동산이나 부동산에 관한 권리를 구매한 법인은 현지법인명세서, 현지법인재무상황표, 현지법인의 손실거래명세서, 해외부동산 취득 및 투자운용명세서 등을 법인세신고기간 중에 국세청에 제출하여야 한다. 법인세신고기한까지 제출하지 못하는 경우에는 과태료가 부과될 수 있다.

그러나 해외에 설립된 회사의 자회사의 경우는 특수관계자에 해당하는 경우를 제외하고는 이러한 현지법인명세서 및 현지법인재무상황표의 제출 대상에 해당하지 않는다.

개인의 국세청 보고의무

해외 직접투자를 한 개인 투자자나 해외에 있는 부동산이나 부동산에 관한 권리를 구매한 개인은 해외현지법인명세서, 현지법인재무상황표, 해외부동산 취득 및 투자운용명세서 등을 국세청에 제출한다. 소득세 신고기한까지 제출하지 못하는 경우에는 역시 과태료가 부과될 수 있다.

현지법인에 쌓아 둔 소득에 대한 과세

국내의 회사나 투자자가 조세피난처와 같은 법인세가 낮은 나라나 지역에 현지법인을 설립하고 법인의 소득을 배당 등을 통해 다시 국내로 들여오는 것이 아니라, 저세율국에 소득을 유보하는 경우가 있다.

이러한 경우 일정한 요건을 충족하면 조세피난처 등에 소재하는 현지법인에 쌓아 둔 소득을 국내의 투자자에게 배당한 것으로 보고 그 소득에 대하여 세금을 부과하게 된다.

3. 현지법인 지분양도

우리나라가 외국과 체결한 조세조약은 대부분 현지법인의 주식 등 유가증권의 매매로 인한 소득에 대하여 투자자가 거주하는 나라에서만 과세하도록 되어 있다. 그러나 일정한 요건을 갖춘 경우에는 유가증권의 양도소득에 대하여는 현지법인이 소재하는 나라에서 세금을 부과할 수 있는 경우도 있다.

만약 조세조약상 지분 등의 양도에 대하여 현지법인이 소재한 나라에서 세금을 부과할 수 있도록 규정한 경우나, 조세조약 자체가 존재하지 않는 경우 혹은 조세조약은 체결되어 있으나 주식 등의 양도소득에 관한 조항이 없는 경우에는 현지법인이 소재한 나라가 과세할 수 있게 된다.

현지법인의 총자산에서 부동산이 차지하는 비율이 많다면 그 현지법인의 주식은 일반적인 주식과 달리 취급된다. 왜냐하면 외국의 투자자가 법인을 통하지 않고 부동산을 매매한 것이나 실질상으로는 차이가 없는데도 불구하고 현지법인을 이용하여 주식의 양도로 인한 소득을 회피할 수 있기 때문이다.

보통 자산의 50% 이상이 부동산으로 구성된 법인의 주식을 '부동산주식'이라고 하는데 미국, 영국, 캐나다, 호주, 중국, 인도 등 많은 나라와의 조세조약에 의하면 부동산 법인의 주식은 부동산과 동일하게 소득이 발생하는 나라, 즉 현지법인이 소재하는 나라에서 과세가 가능하다. 하지만 네덜란드, 벨기에, 말레이시아 등은 조세조약상 투자자가 거주하는 나라에서 과세하도록 하고 있다.

6

해외 재산의 상속과 증여

1. 해외 재산의 상속

거주자가 사망한 경우

상속증여세법에 의하면 상속재산이란 피상속인, 즉 망자에게 귀속되는 모든 재산으로서 돈으로 환산할 수 있는 경제적 가치가 있는 모든 물건과 재산적으로 가치가 있는 법률상 혹은 사실상의 모든 권리를 포함한다.

따라서 피상속인이 거주자에 해당하면 피상속인이 보유하고 있는 모든 상속재산이 상속세의 과세대상이 되는 것이다. 즉, 재산이 국내에 있든, 해외에 있든, 그것이 부동산이든 보이지 않는 권리든 돈으로 환산이 가능한 것은 모두가 과세의 대상이 된다고 보면 된다. 여기서 "거주자"는 국내에 주소가 있거나 183일 이상 거소를 둔 사람을 말한다.

비거주자가 사망한 경우

그러나 피상속인이 비거주자(이후의 장에서 자세히 설명하고자 한다)인 경우는 상황이 다르다. 이 경우에는 우리나라에 피상속인이 보유한 재산만이 상속세 과세의 대상이 된다. 즉, 피상속인이 생전에 한국의 국적을 가지고 있었다고 하더라도 비거주자에 해당되면 국내에서 피상속인이 보유한 재산에 대하여만 과세가 된다.

결론적으로 피상속인을 대신하여 상속세를 신고하고 납부하여야 하는 이른바 납세의무자인 상속인은 망자가 거주자에 해당하면 국내는 물론 해외의 모든 상속재산에 대하여 무제한의 납세의무를 지고, 망자가 비거주자에 해당하면 망자의 국내에 있는 상속재산에 대해서만 제한적인 납세의무를 진다. 이러한 상속재산은 망자가 보유한 돈으로 환산할 수 있는 모든 물건이나 권리로서 보험금, 신탁재산, 퇴직금 등이 포함된다.

2. 해외 부동산 매매 중 상속

해외 부동산 매매 절차

해외 부동산의 상속에 앞서서 이해를 돕기 위해 먼저 일반적인 해외 부동산의 매매 절차를 간단히 설명하고자 한다.

일반적으로 외국의 경우 부동산을 매매하기 위해서는 보통 부동산을 팔고자 하는 사람이 특정 날짜를 선택해 부동산을 일반에 개방하고(Open House) 그 부동산이 맘에 들어 사고자 하는 사람은 중개인(Realtor)의 도움을 받아 얼마에 사겠다고 오퍼(Offer)를 하게 된다. 부동산 소유자가 이 오퍼를 수락하면 서로 간에 계약서(Contract of purchase and sale)에 사인을 하게 되고 짧게는 한 달, 길게는 6개월 이상의 기간을 정하여 중도금과 잔금을 지급하게 된다.

이러한 잔금은 직접 매도자측에 지급되지 않고 변호사나 공증인(Notary)이 지정하는 트러스트계좌에 보관되고, 마침내 잔금을 모두 지급하면 변호사는 등기소(Title office)에 매수자의 이름으로 등기(Register)의 변경(Transfer)을 신청하게 되는 것이다. 등기변경신청 후 등기소에서는 새로운 매수자로 등기명의가 변경되었다는 레터와 함께 등기확인증(Final state of title certificate)을 보내 주며 이로써 부동산의 거래가 마무리되는 것이다.

피상속인이 해외 부동산을 처분 중에 사망한 경우

그러면 이러한 일련의 절차 중에 피상속인이 해외에 있는 부동산을 팔기 위해 계약서를 작성하고 부동산을 사고자 하는 쪽에서 중도금을 지급하는 등의 계약사항을 이행하는 중에 사망하는 경우가 있을 수 있다.

이는 피상속인이 계약금액의 일부만 받은 경우이기 때문에 사망 시점에는 아직 부동산의 양도가 완성되지 않은 상태이므로 부동산은 당연히 피상속인의 상속재산에 합산하여야 한다.

그러나 피상속인이 받은 중도금은 벌써 현금이나 다른 형태로 피상속인의 재산에 포함되어 있기 때문에 해외 부동산의 상속세 과세가 되는 대상금액에서는 피상속인이 이미 받은 중도금을 제외하게 되는 것이다.

만약 계약잔금까지 망자가 모두 받고 등기명의만 이전되지 않은 상태에서 사망하였다면 피상속인 명의로 여전히 타이틀이 남아 있다고 하더라도 이미 양도는 이루어진 것이므로 해외의 부동산은 상속재산에는 포함되지 않는다.

피상속인이 해외 부동산을 매입 중에 사망한 경우

그럼 해외 부동산을 사고자 피상속인이 대금을 일부만 지급한 상태에서 사망한 경우라면 어떻게 될까? 이 경우에 해외 부동산은 잔금이 지급되지 않은 상태이기 때문에 피상속인의 상속재산에 포함되지 않을 것이다. 다만 이미 지급한 중도금은 권리의 금액으로서 상속세 과세가액에 포함된다.

만약 피상속인이 잔금까지 전부 지급한 이후에 타이틀 이전이 등기소에서 처리되고 있는 중에 사망하였다면 그 해외 부동산은 상속재산에 포함되어야 하는 것은 당연하다.

해외에서 납부된 세금의 공제

우리나라는 개인이 사망하면 개인의 모든 재산을 사망한 시점을 기준으로 평가하고 특정한 경우를 제외하고는 즉시 세금을 부과한다.

반면에 외국의 경우에는 사망시점에 시장가격(Fair Market Value)으로 처분하였다고 간주하여(Deemed disposition of property on death) 망자의 보유기간 동안 실현된 자산의 보유차익을 즉시 과세하는 경우도 있고, 그 재산을 상속받은 사람의 재산으로 전환(Roll-over)을 인정하지만 사망 시에 바로 세금을 부과하지 않고 이후에 상속받은 사람이 그 재산을 팔 때 망자가 보유한 기간의 보유차익까지 한꺼번에 과세하는 경우도 있다.

아무튼 외국은 외국의 법에 의하여 사망한 국내 거주자의 재산에 대하여 세금을 부과하게 될 것이므로 이러한 외국에서 상속재산에 대하여 부과된 세금은 우리나라의 상속세를 계산할 때 외국납부세액으로서 납부할 세금을 줄여 주게 된다.

상속세 신고의 연장

마지막으로, 피상속인이나 상속인이 외국에 주소를 둔 경우에는 상속세 신고납부기간이 거주자의 경우보다 3개월 연장되어 9개월 이내에 상속세를 신고하고 납부할 수 있다.

3. 해외 재산의 증여

우리나라의 증여세는 증여를 받는 사람, 즉 수증자를 기준으로 과세하는 시스템이다. 이를 '취득과세형'이라고 하며 10년 이내에 같은 사람으로부터 증여받은 금액을 누적하여 과세하도록 하고 있다.

증여세를 과세하는 데 기본이 되는 증여재산이란 다른 사람으로부터 대가 없이 취득하는 재산으로, 증여를 받는 사람에게 이전되는 재산이나 이익 등 돈으로 환산되는 경제적 가치가 있는 모든 물건이나 권리를 말한다. 이러한 권리는 법률상으로 보호받는 권리일 수도 있고 법에 의한 권리는 아니지만 사실상의 권리일 수도 있다.

특히 증여에는 대가 없이 이전받은 재산이나 이익 외에도, 시장가격보다 낮은 대가를 주고 재산을 이전받거나 반대로 시장가격보다 높은 대가를 받고 재산을 매매함으로써 발생한 이익도 포함된다. 부모 등 특수관계가 있는 사람으로부터 비상장법인의 주식 등을 취득한 다음에 주식 등의 재산적 가치가 상승한 경우 등 일정한 경우에도 증여세를 과세하도록 되어 있다.

증여를 받는 사람이 거주자인 경우

증여를 받는 사람이 국내의 거주자인 경우 국내와 해외를 가리지 않고 모든 증여재산에 대해 증여세를 부담하여야 하는데, 이를 '무제한적인 납세의무'라고 한다.

증여를 받는 사람이 비거주자인 경우

증여를 받는 사람이 비거주자인 경우에는 국내에 있는 모든 증여재산과 거주자로부터 증여받은 해외의 금융자산(예금이나 적금)에 대하여 증여세를 납부하여야 한다.

증여를 받는 사람이 비거주자라면, 증여를 하는 사람에게 증여를 받는 사람이 납부할 증여세를 같이 납부할 의무가 부여된다. 이는 비거주자가 주로 해외에 거주하기 때문에 세금을 용이하게 확보하기 위한 것으로 '연대납세의무'라고 부른다.

비거주자에게 해외 재산의 증여

만약 국내의 거주자가 비거주자에게 해외에 있는 재산을 증여하는 경우, 그 재산을 증여하는 사람은 증여세를 납부할 의무가 있다. 이는 재산을 증여받는 사람, 즉 수증자에게 증여세를 부과하는 것에 대한 중요한 예외에 해당한다.

다만, 수증자가 증여자의 특수관계인이 아닌 경우로서 해당 재산에 대하여 외국에서 증여세가 부과되는 경우 혹은 증여세가 부과되나 그 세액을 면제받는 경우에는 증여세 납부의무를 면제하도록 하고 있다.

증여세 신고

일반적으로 증여세는 증여를 받는 사람의 주소지 세무서에 신고하고 납부하면 된다. 그러나 증여를 받는 사람이 비거주자라면 특별히 증여하는 사람의 주소지 세무서에 신고하고 납부하여야 한다. 증여를 하는 사람과 받는 사람이 모두 비거주자에 해당하는 경우도 있는데, 이 경우에는 증여되는 재산 소재지 관할 세무서에 신고하여야 한다.

해외 신탁이익의 증여

원래 증여란 민법상 증여자와 수증자 사이의 합의로 재산이 무상으로 이전되는 것을 뜻하지만, 직접적인 합의 없이 우회적으로 재산이 이전되는 경우가 있는데 신탁회사나 보험회사를 통해 우회적으로 재산이 이전되는 경우가 그것이다.

만약 개인이 해외에 있는 자산관리회사와 신탁계약을 하고 이러한 신탁계약에 따라 위탁자가 자녀 등 다른 사람을 신탁의 이익을 받을 수익자로 지정할 수 있다. 이 경우 신탁한 재산이나 혹은 그 재산에서 발생한 소득이 지정된 수익자에게 실제로 지급되는 경우에는 그 수익자에게 증여세가 부과된다.

해외 부동산 무상사용에 따른 이익의 증여

특수한 관계가 있는 사람들 간에 해외에 있는 부동산을 대가 없이 사용하도록 하여 이익을 얻는 경우에는 그 이익에 해당하는 금액이 1억 원 이상인 경우에 한해 무상으로 사용한 사람에게 증여세가 과세된다. 이러한 무상으로 사용한 이익은 부동산의 가액에 연간 사용요율(2%)을 곱하여 계산된다.

해외 명의신탁재산의 증여의제

명의신탁의 경우에는 실질적으로 재산의 소유자에 변화가 없기 때문에 증여로 보지 아니하는 것이 논리적으로 맞지만, 명의신탁을 이용하여 세금을 회피하는 것을 막기 위하여 실질과세원칙에 대한 예외로서 명의신탁재산에 대하여는 실제 소유자가 명의자에게 증여한 것으로 보고 증여세를 부과한다.

이것은 또한 명의를 빌려준 사람이 조세회피에 협력한 것에 대한 징벌적인 성격도 가지고 있다. 다만 조세회피의 의도 없이 명의신탁한 경우는 증여로 보지 않도록 하고 있다. 이러한 조세회피 의도가 있었는지는 논란의 여지가 있는 부분이다.

해외 부동산의 부담부증여

부담부증여란 것은 증여를 받는 사람이 대가로 어떤 채무를 부담하는 것을 말한다. 이러한 채무에는 임대보증금이나 은행에 대한 채무 등이 해당한다.

이러한 경우에는 증여받은 재산에서 부담한 채무를 뺀 것에 대하여 증여세를 과세하게 된다. 그리고 인수한 채무는 증여를 한 사람이 증여를 받은 사람에게 매매에 대한 대가로 받은 것으로 보고 양도소득세가 부과된다.

여기서 유의할 것은 배우자나 부모와 자식 등 직계 존비속 간에는 이전된 채무가 은행 등에 대한 채무 등으로 객관적으로 확인되는 경우를 제외하고는 그 채무가 증여를 받는 사람에게 이전되지 않은 것으로 추정된다는 것이다.

증여재산공제

만약 증여를 받는 사람이 거주자인 경우에는 1천만 원에서 6억 원의 증여재산공제가 가능하지만, 증여를 받는 사람이 비거주자인 경우에는 이러한 증여재산공제를 할 수 없다. 그리고 국내의 거주자가 다른 사람으로부터 해외에 있는 재산을 증여받은 경우에 그 증여재산에 대하여 외국에서 납부한 세금이 있는 경우에는 증여세에서 공제되어 납부할 세금이 줄어든다.

해외재산의 평가

해외에 있는 재산을 증여한다고 가정하였을 때, 이러한 재산은 실제 매매가 된 것이 아니기 때문에 재산의 가치를 어떻게 평가하여야 하는지가 항상 가장 큰 문제가 된다. 이때 적용되는 가격을 '시가'라로 부르는데 이는 여러 사람 사이에 일반적으로 성립된다고 인정되는 가액을 말한다.

이러한 시가는 증여받은 재산이 증여일을 기준으로 증여 전 3개월 간에 매매한 사례가 있으면 그 거래금액, 증여일을 전후하여 3개월 동안 두 개 이상의 감정가격이 있는 경우 그 평균한 가격, 그리고 경매가액이 포함된다. 만약 이러한 가격이 없는 경우에는 증여 해당 재산의 종류와 상황 등을 고려하여 평가한 가액을 시가로 본다.

주식의 경우, 상장주식은 평가기준일 전후 각 2개월 동안 최종시세가액의 평균을 시가로 보고, 비상장주식은 1주당 순손익가치와 순자산가치의 비율을 각각 3과 2의 비율로 가중평균한 가액으로 한다. 특히 해외에 소재하는 자산은 기준환율 또는 재정환율에 따라 환산하게 된다.

7

어느 나라가 과세할 것인가?

1. 거주자

국제조세를 다루는 데 있어서 시작점이 되고 또 가장 중요한 개념이 거주자이다. 우리나라가 체결한 대부분의 조세조약의 제1조는 각 조약이 조세 협약국의 거주자에게 적용됨을 선언하고 있으며, 제4조는 그러한 거주자가 되기 위한 요건을 규정하고 있다.

일반적으로 세계 각국은 자국의 거주자에 대하여는 전 세계 소득(Worldwide Income)에 대하여 과세할 수 있는 권한을 가지고, 비거주자에 대하여는 자국 내에서 발생한 소득에 대해서만 과세할 수 있는 권한을 가지고 있다. 이와 같이 거주자는 무제한 납세의무를 지고, 비거주자는 제한적인 납세의무만을 부담하게 되므로 어떤 사람이 어떤 나라의 거주자인지를 결정하는 것은 매우 중요하다.

OECD 모델

OECD 가입국의 조세조약 체결의 가이드라인이 되는 '조세조약에 대한 OECD 모델(OECD Model tax convention on income and on capital)'에 따르면 거주자는 개인(Individual), 회사(Company), 단체(Any other body of persons)가 될 수 있다. 우리나라가 다른 나라와 체결한 모든 조세조약은 두 나라의 거주자에게만 적용되는 것으로 이러한 거주자에게는 조세조약의 혜택을 향유할 수 있는 자격이 주어지는 것이다.

조세조약은 두 나라 간의 협약이기 때문에 다른 나라의 거주자에게는 그 협약이 적용되지 않는다. 예를 들면 미국회사가 한국회사로부터 받는 배당금에 대하여는 한미세조약이 적용된다. 또 미국회사의 일본지점은 한일조세조약상 제3국, 즉 미국의 거주자이므로 한일조세조약이 적용되지 않는다.

조세조약의 혜택을 누구에게 부여할 것인가

다음은 사례를 통해서 한 나라의 거주자에 해당 여부에 따라 조세의 측면에서 어떠한 차이를 나타내는지 살펴보고자 한다. 아래의 심판례는 다른 나라에 소재하는 회사에 대하여 그 나라와 체결된 조세조약을 적용하여 조세조약의 혜택을 인정할 것인지에 대한 국세청의 결정과 이러한 국세청의 결정을 조세심판원은 어떻게 바라보고 있는지에 대한 전형적인 심판례이다.

말레이시아 라부안에 설립된 회사인 S Limited는 제3국에 있는 Glory Fund에 한국회사인 (주)글로벌의 주식을 양도하고 한국과 말레이시아의 조세조약을 근거로 주식 양도에 대한 법인세를 납부하지 않았다. 한-말레이시아의 조세조약에 주식의 양도소득은 거주자 S Limited의 소재지국, 즉 말레이시아에서 과세하도록 되어 있기 때문이다.

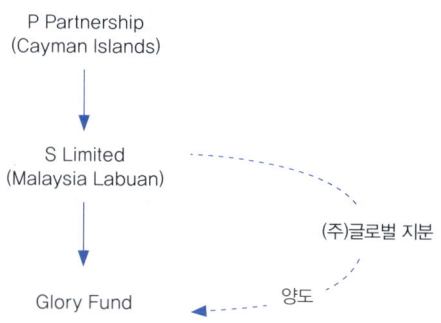

국세청은 조사를 통해 말레이시아 회사인 S Limited는 케이만아일랜드에 있는 회사인 P Partnership이 100%의 지분을 가지고 있는 회사이고, P Partnership은 세계 27개 국가의 투자자들이 자금을 모아 결성한 사모펀드(Private Equity Fund)라는 것을 확인하였다.

그리고 국세청은 조사를 통해 말레이시아 회사인 S Limited는 사업활동이 없이 주식의 양도소득에 대한 조세를 회피하기 위해서 말레이시아에 설립된 도관회사(Conduit)라고 결론짓고, 한국과 말레이시아의 조세조약을 적용하지 않고 P Partnership의 개별파트너의 거주지국과 한국 간의 조세조약을 적용하여 개별파트너를 대상으로 주식의 양도소득에 대하여 과세하였다.

그러나 S Limited는 조세심판원에 국세청의 결정에 대하여 이의를 제기하였다. S Limited는 도관회사가 아니라 경제적 실질에 따라 정식으로 말레이시아에 설립된 회사이므로 말레이시아의 거주자에 해당하고 따라서 한-말레이시아 조세조약이 적용되어야 한다고 주장한 것이다.

그러나 조세심판원은 조세조약의 향유자는 조세조약국에 형식적으로 등록된 거주자가 아니라 투자의 주체이고 그에 따른 소득의 실질귀속자, 즉 실질적인 거주자여야 함을 이유로 S Limited의 주장을 받아들이지 않았다.

위 사례는 조세조약이 그 혜택을 부여하고자 의도하는 거주자는 어떠한 거주자인지를 잘 보여 주고 있다.

거주자와 비거주자

조세조약에 대한 OECD 모델은 각 나라의 법에 의해 납세의무가 있는 자를 조세조약상 거주자로 보고 있으므로 기본적으로 소득세법상 거주자에 대한 개념이 조세조약의 거주자에 대한 개념과 크게 다르지 않다.

소득세법은 개인을 거주자와 비거주자로 구분하고 어떠한 소득에 대하여 소득세를 부과할 것인지와 어떠한 방법으로 소득세를 부과할 것인지에 대하여 차이를 두고 있다.

거주자는 국내에서 발생하는 모든 소득과 해외에서 발생하는 모든 소득, 즉 전세계에서 발생하는 모든 소득(Worldwide Income)에 대하여 우리나라에 소득세를 신고하고 조세를 납부하여야 하는 의무가 있다. 이 경우에 외국에서 조세조약이나 외국의 법에 의하여 외국의 국세청에 납부한 조세가 있다면 국내에서 소득세를 납부할 때 공제된다.

반면에 비거주자는 열거된 일정한 국내에서 발생한 소득에 대해서만 소득세를 신고하고 납부하면 된다. 왜냐하면 비거주자가 실제로 거주하는 나라에서는 그 거주자에 대하여 전 세계에서 발생한 소득(Worldwide Income)에 대하여 조세를 부담시킬 것이기 때문이다.

거주자의 자격

우리나라의 소득세법을 보면 거주자는 국내에 주소가 있거나 183일 이상 거소를 둔 개인을 말하고, 비거주자는 이러한 거주자가 아닌 개인을 말한다.

국적과는 관계없이 외국인이더라도 국내에 주소가 있거나 183일 이상 거소를 두고 있는 경우에는 우리나라의 거주자에 해당한다. 따라서 거주자와 비거주자의 구분은 주민등록이 있느냐 말소되었느냐 등에 의하여 획일적으로 구분되는 것이 아니고, 국적을 기준으로 하여 내국인이냐 외국인이냐 구분하는 것과는 다른 개념이란 것을 이해해야 한다.

주소

주소는 생활의 근거가 되는 곳을 말한다. 이러한 주소는 어디에 주로 살고 있는지, 우리나라에 주로 거주하여야만 하는 직업을 가지고 있는지, 본래의 국적은 어느 나라인지, 생계를 같이하는 가족이 주로 거주하는 나라는 어디인지, 우리나라에서 가지고 있는 재산이나 부동산의 종류 등 모든 것들을 종합적으로 고려하여 판단하게 된다.

183일 이상 거소

거소는 주소 이외에 상당한 기간에 걸쳐서 살고 있는 장소를 말하지만 주소처럼 아주 밀접한 생활 관계가 발생하지 않는 장소이다. 이처럼 183일 이상 거주하는 장소를 가진 자를 국내의 거주자로 보는 이유는 우리나라에 가족이나 재산을 두지 않으면서도 오랜 기간 거주하면서 소득을 획득하는 사람들에게도 우리나라의 거주자에게 부과하는 조세를 부과하여 주소를 가지고 있는 거주자와의 형평을 도모하고 공정한 경쟁을 유도하기 위함이다.

또한, 계속하여 183일 이상 국내에 거주할 것을 필요로 하는 직업을 가지고 있거나, 우리나라에 생계를 같이하는 가족이 있고 그 직업이나 재산 등으로 보아 계속하여 183일 이상 우리나라에 거주할 것으로 인정되면 183일을 거주하지 않아도 국내에 주소를 가진 것으로 보고 우리나라의 거주자로 보게 된다.

거주자 혹은 비거주자가 되는 시기

거주자가 되는 때는 우리나라에 주소를 둔 날 혹은 우리나라에 거소를 둔 기간이 183일 이상이 되는 날이다. 비거주자가 되는 때는 거주자가 주소나 거소를 다른 나라로 이전하기 위하여 출국하는 날의 다음 날이 된다.

해외주재원

해외에 있는 국내회사의 지점이나 사업장 혹은 지분 100%를 출자한 해외 현지법인에 파견된 임원이나 직원 그리고 해외에서 근무하는 공무원은 국내의 거주기간에 상관없이 국내의 거주자로 본다.

외국국적이나 영주권을 취득한 해외주재원

해외에 파견된 국내회사의 임원이나 직원이 파견기간 중에 외국의 시민권이나 영주권을 취득하게 되면 어떻게 될까? 이 경우는 국내에 있는 생계를 같이하는 가족이나 재산 등으로 보아 파견기간이 끝나면 우리나라에 재입국할 것으로 인정되는 경우에는 파견기간이나 외국의 국적이나 영주권을 취득하였느냐에 관계없이 거주자로 보게 된다.

중국 현지법인 주재원

우리나라에 있는 모회사가 중국에 있는 자회사에 파견한 직원은 우리나라 거주자에 해당하는 것이고, 만약 파견된 직원이 특수한 경우에 우리나라와 중국의 거주자에 동시에 해당하는 경우가 있을 수 있다. 이 경우에는 한·중 조세조약에 따라 어느 나라의 거주자에 해당하는지 결정하게 된다.

해외 유학생 등

해외 유학생이나 계속하여 1년 이상 국외에 거주할 것을 일반적으로 필요로 하는 직업을 가지고 출국하는 경우, 혹은 국외에서 직업을 가지고 1년 이상 계속하여 거주하는 경우에도 우리나라에 가족이 있고 재산 등 생활의 근거가 우리나라에 있는 것으로 보는 때에는 우리나라의 거주자에 해당한다.

해외 유학기간 중 취직

해외에서 유학하는 동안 해외에서 직업을 가지고 1년 이상 계속하여 해외에 거주하는 경우에도 국내에 생계를 같이하는 가족이 있고 재산 등 생활의 근거가 우리나라에 있다고 보는 때에는 우리나라의 거주자에 해당한다.

재외동포

한국인이지만 외국의 국적을 가지고 있거나, 혹은 외국의 영주권을 받은 사람이 우리나라에 생계를 같이하는 가족이 없고 직업이나 재산 등도 없어 다시 우리나라에 입국하리라고 보이지 않는 경우에는 우리나라에 주소가 없는 것으로 본다.

즉, 외국의 영주권이나 시민권을 가진 재외동포가 가족 및 생활 근거지를 외국에 두고 있고 우리나라에 주소가 없으며 183일 이상 우리나라에 거소를 두지 아니한 경우에는 비거주자에 해당된다.

이중거주자

대법원은 우리나라와 다른 어느 하나 이상의 국가에서 모두 거주자에 해당하는 개인에 대하여 어떻게 거주지국을 결정하는지 살펴보자.

대법원은 "어느 개인이 우리나라의 거주자인 동시에 외국의 거주자에도 해당하여 외국의 소득세법상 납세의무자에도 해당하는 경우에는 하나의 소득에 대하여 이중으로 과세될 수 있으므로, 이를 방지하기 위하여 조세조약의 체결을 통해 별도의 규정을 두고 있으며, 어느 개인이 이러한 이중거주자에 해당한다면 그 중복되는 나라와 사이에 체결된 조세조약이 정하는 바에 따라 어느 나라의 거주자로 할 것인지를 결정하여야 한다"고 판시하고 있다.

타이브레이커룰(Tie Breaker Rules)

한 나라의 거주자가 동시에 다른 나라의 거주자가 되는 상황이 발생하는 이유는 거주자의 정의에 관한 각 나라의 국내법 규정이 서로 다르기 때문이다.

개인의 경우에는 한 사람이 양쪽 체약국의 거주자로 되는 경우가 흔히 있을 수 있다. 이러한 경우 조세조약은 아래의 기준을 순차적으로 적용하여 그의 거주지국을 결정하도록 규정하고 있다. 이를 '타이브레이커룰(Tie Breaker Rule)'이라고 한다.

a. 개인이 한 나라에 영속적인 주거(Permanent home)가 있는 경우에는 그 나라의 거주자로 본다.
b. 만약 개인이 두개의 나라에 영속적인 주거가 있는 경우에는 개인적 그리고 경제적인 유대관계(Center of vital interests)가 더 가까운 나라의 거주자로 본다.
c. 만약 개인적 그리고 경제적인 유대관계가 더 가까운 나라가 결정될 수 없으면 일상적 거소(Habitual abode)가 있는 나라의 거

주자로 본다.

d. 만약 개인이 두 나라에서 일상적 거소가 있다면 개인의 국적(National)이 있는 나라의 거주자로 본다.

e. 만약 개인이 두 개의 나라에서 동시에 국민이거나 국민에 해당하지 않는 경우는 두 나라가 상호합의(Mutual Agreement) 하여 결정한다.

이중 거주법인

개인과 마찬가지로 법인의 경우도 어느 나라의 거주자인지를 판단하는 것이 매우 중요한데, 어떠한 회사가 내국법인인지 외국법인인지를 구분하는 기준에는 일반적으로 본점소재지주의와 실질관리지주의가 있다. 우리나라 법인세법은 내국법인과 외국법인을 구분하는 기준으로, 본점이 어느 국가에 있는지를 가지고 거주지국을 판단하는 본점소재지주의와 더불어 실질관리지주의를 함께 고려하고 있다.

영국 등은 본점소재지나 등기(Register) 등과 같은 형식적인 기준에 의하여 내국법인과 외국법인을 구분하지 않고 법인의 사업이 실제로 관리되는 장소(Place of effective management)를 기준으로 하여 내국법인과 외국법인을 구분하는데, 이를 '실질관리지주의'라고 한다.

이중거주법인의 문제는 본점소재지주의를 채택하는 나라 A와 실질관리지주의를 채택하는 나라 B가 있는 경우에 등기상 본점은 A에 있지만 실질 관리지를 B에 두고 있는 회사에게 발생할 수 있다.

조세조약은 하나의 법인이 양쪽 국가의 거주자에 해당되는 경우에는 다음의 기준을 순차적으로 적용하여 그의 거주지국을 결정하도록 규정하고 있다(Tie Breaker Rule).

첫 번째로 회사의 실질관리장소(Place of effective management)를 기준으로 거주지국을 판단한다. 실질적 관리장소는 전반적으로 회사의 사업 수행에 필요한 중요한 관리와 상업적 결정(Key management and commercial decisions)이 실질적으로 이루어지는 장소이다.

실질적인 관리장소를 결정하기 위하여는 모든 관련 사실과 상황이 검토되어야 한다. 회사는 하나 이상의 관리장소를 가질 수도 있지만, 실질적 관리장소는 언제나 유일하게 존재할 수밖에 없다. 만약 법인의 실질적인 관리장소를 판단할 수 없는 경우에는 양 국가가 상호합의(Mutual Agreement)하여 결정한다.

2. 조세조약

거주자가 우리나라와 조세조약이 체결된 국가에서 비지니스를 하는 경우, 거주자가 외국에서 발생시키는 소득에 대하여 외국의 세법과 외국과 우리나라가 체결한 조세조약이 함께 적용된다.

조세조약은 소득과 자본에 대한 국제적 이중과세를 방지하기 위하여 국가 간에 문서에 의하여 체결된 명시적 합의를 의미하며 공식 명칭은 "소득 및 자본에 관한 조세의 이중과세 회피 및 탈세방지를 위한 협약"(Convention for the avoidance of double taxation and the prevention of fiscal evasion with respect to taxes on income and on capital)이다. 우리나라는 현재 전 세계 93개국과 조세조약을 체결하고 있다.

조세조약은 두 협약국 간에 소득과 자본에 대한 이중과세를 막기 위한 것으로 법인세(Corporate Tax), 소득세(Individual Income Tax) 등에 적용되며, 부가가치세, 소비세 등의 간접세에는 적용되지 않는다.

조세조약은 동일한 소득에 대하여 우리나라와 상대 국가에서 동시에 과세되는 이중과세(Double taxation)를 방지하기 위하여 어느 한 국가에 과세권을 부여하지 않거나 과세권을 일정 범위로 제한함으로써 우리나라와 다른 나라와의 사이에 과세권을 배분하게 된다. 만약, 소득이 발생한 국가에서 납부한 세금이 있는 경우 우리나라에서 세액공제 등을 통하여 국제적 이중과세를 방지하게 되는 것이다.

수익적 소유자

개별 조세조약에 있어서 상대방 국가에서 발생하는 어떠한 소득을 수취하는 거주자가 조세조약의 혜택을 향유하기 위해서는 법적 혹은 형식적으로 소득의 수익자일 뿐만 아니고 경제적 혹은 실질적으로도 그 소득의 수익자이어야만 조세조약상 혜택을 받을 수 있다. 이를 '수익적 소유자(Beneficial Owner)'라고 한다. 이러한 수익적 소유자에 대하여는 17장 파트너십과 택스플래닝 편에서 사례를 통해 자세히 설명하고자 한다.

조세조약의 우선

내국세법과 조세조약이 상충하는 경우 어떤 것이 우선하는지는 각 나라마다 다르다. 우리나라의 경우는 조세조약이 특별법 우선의 원칙에 따라 국내세법에 우선 적용된다.

8

국가 간 금융정보
(Financial Information)의 교환

1. 조세조약에 의한 정보교환

우리나라가 다른 나라와 체결한 대부분의 조세조약을 주의깊게 살펴보면 '정보교환(Eexchange of information)'이라는 항목을 찾아볼 수 있다. 이러한 정보교환은 나라 간에 교환되는 정보의 범위와 교환의 방법 등을 다루는 민감한 부분이고, 국제거래를 하는 개인들이나 회사들에게서도 많은 관심을 받는 분야이기도 하다.

이러한 정보교환의 기본적인 목적은 다른 나라로부터 받은 정보를 기반으로 자국의 법에 정한 조세를 부과하기 위함이다. 부수적으로 정보교환은 세무조사의 목적, 조세징수의 목적 그리고 납세자를 상대로 하는 소송의 목적 등에 의해 교환될 수 있다. 그러나 가장 광범

위하고 일반적인 용도는 조세의 부과라고 할 수 있다.

다음은 이해를 돕기 위해 『조세조약에 대한 OECD 모델(OECD Model tax convention on income and on capital, Article 26)』의 원문을 기술하였다. 이는 우리나라가 외국과 체결한 대부분의 조세조약에 원문 그대로 혹은 일부 수정하여 삽입되어 있다.

> "The competent authorities of the contracting states shall exchange such information as is foreseeably relevant for carrying out the provisions of this convention or to the administration or enforcement of the domestic laws concerning taxes of every kind and description imposed on behalf of the contracting states, or of their political subdivisions or local authorities, insofar as the taxation thereunder is not contrary to the convention(양 국가의 당국은 과세가 이 조약에 위배하지 않는 한 그 국가나 정치적 하부조직이나 지방자치단체에 의하여 부과된 모든 종류와 명칭의 조세에 관하여 조세조약의 시행 혹은 양 국가의 국내법의 시행 및 강제집행에 관련될 것으로 예상되는 정보를 교환한다)."

대표적인 조세조약에 의한 정보교환은 각국이 비거주자의 소득에 관한 자료를 상대국에 통보하는 것이다. 이러한 정보는 상대 국가의 요청에 의해서가 아니라 정기적으로 이루어지고 있는데, 이러한 정보를 '자동정보'라고 한다.

예를 들어 강부자 씨가 우리나라의 거주자로서 캐나다에 체류하면서 현지의 금융기관에 예치한 돈에서 이자가 발생한다고 하자. 현지의 은행은 강부자 씨가 캐나다 입장에서 비거주자에 해당하므로 이자를 지급하면서 캐나다의 소득세법(Part Ⅷ Tax)에서 정한 비거주자에 대한 원천징수세율 25%를 공제하고 그 증빙으로 NR4 슬립(Statement of amounts paid or credited to non-residents of Canada)을 강부자 씨에게 발행한다. 여기서 원천징수세율은 한국과 캐나다의 조세조약상 이자소득에 대한 제한세율인 10%까지 줄어들 수 있다.

현지의 금융기관은 이러한 NR4를 캐나다의 국세청에 제출하고 원천징수한 세금을 대신하여 납부하게 된다. 캐나다 국세청은 이러한 NR4의 정보 중 일부를 정기적인 정보교환을 통해 한국 국세청과 교환하게 되는 것이다.

강부자 씨는 이듬해 5월에 한국 국세청에 소득세를 신고할 때 캐나다에서 발생한 이자소득을 국내소득과 합산하여 신고하게 되고, 캐나다에서 이미 납부한 세금은 외국납부세액공제를 통해 강부자 씨의 소득세에서 공제된다.

이후에 한국의 국세청은 캐나다로부터 받은 자동정보를 통해 강부자 씨가 소득세를 성실하게 납부하였는지 여부를 검증할 수 있게 되는 것이다.

2. 다자간 조세협력

현재 국제거래에서 조세회피를 막기 위한 국가 간의 공조는 확대되고 있는 추세다. 경제협력개발기구(OECD)가 주도하는 다자간 조세행정공조협약(Convention on mutual administrative assistance in tax matters)이 그것으로, 이 협약에 따라 가입국끼리 금융, 조세정보를 자동적으로 서로 교환할 수 있다. 우리나라는 2012년 이 협약에 가입했다. 2017년말 현재 이 협약에 가입된 국가는 115 개국으로 매년 그 가입국이 늘어나고 있다.

  양자 또는 다자적으로 국제적 수준에서의 조세회피에 대한 대처를 목적으로 모든 종류의 조세에 관한 문제에서 모든 형태의 행정협조를 촉진하기 위하여 이 협약은 탄생하였다.

  그러한 행정협조는 연관된 기업을 여러 국가가 동시에 세무조사를 실시하고 또 다른 나라에서 실시하는 세무조사에 참여할 수 있도록 하였으며, 상대 국가에서 부과한 조세채권을 확보하기 위하여 서명국이 서로 협조하게 된다. 그리고 요청에 의한 정보제공과는 별도로 사전요청 없이도 다른 나라의 조세부과에 필요하다고 인정되는 경우에 자발적으로 정보를 제공할 수 있도록 하였다.

3. 금융정보 자동교환

  역시 세간의 관심을 가장 많이 받는 대상이 바로 금융정보의 자동교환(Automatic exchange of finace account information)이다.

  2014년 10월 베를린에서 영국, 프랑스, 독일, 이탈리아 등 세계 51개국은 다자간금융정보자동교환협정(Multilateral Competent Authority Agreement on Automatic Exchange of Finance Account

Information)에 서명하였는데, 이 협정은 앞서 설명한 다자간 조세행정공조협약을 근거로 하여 국가 간 금융정보교환의 절차를 더욱 구체화한 다자간의 협정이다. 2018년 1월 현재 총 98개국이 협정에 서명하였으며, 참고로 서명국은 다음과 같다.

알바니아(Albania), 안도라(Andorra), 앵귈라(Anguilla), 앤티가바부다(Antigua and Barbuda), 아르헨티나(Argentina), 아루바(Aruba), 오스트레일리아(Australia), 오스트리아(Austria), 아제르바이잔(Azerbaijan), 바하마(Bahamas), 바레인(Bahrain), 바베이도스(Barbados), 벨기에(Belgium), 벨리즈(Belize), 버뮤다제도(Bermuda), 브라질(Brazil), 영국령버진아일랜드(British Virgin Islands), 불가리아(Bulgaria), 캐나다(Canada), 케이만아일랜드(Cayman Islands), 칠레(Chile), 중국(China), 콜롬비아(Colombia), 쿡제도(Cook Islands), 코스타리카(Costa Rica), 크로아티아(Croatia), 퀴라소(Curaçao), 사이프러스(Cyprus), 체코(Czech Republic), 덴마크(Denmark), 에스토니아(Estonia), 페로아일랜드(Faroe Islands), 핀란드(Finland), 프랑스(France), 독일(Germany), 가나(Ghana), 지브롤터(Gibraltar), 그리스(Greece), 그린란드(Greenland), 그레나다(Grenada), 건지(Guernsey), 헝가리(Hungary), 아이슬란드(Iceland), 인도(India), 인도네시아(Indonesia), 아일랜드(Ireland), 이스라엘(Israel), 맨섬(Isle Of Man), 이탈리아(Italy), 일본(Japan), 저지섬(Jersey), 대한민국(Korea), 쿠웨이트(Kuwait), 라트비아(Latvia), 레바논(Lebanon), 리히텐슈타인(Liechtenstein), 리투아니아(Lithuania), 룩셈부르크(Luxembourg), 말레이시아(Malaysia), 몰타(Malta), 마셜제도(Marshall Islands), 모리셔스(Mauritius), 멕시코(Mexico), 모나코(Monaco), 몬트세랫(Montserrat), 나우루(Nauru), 네덜란드(Netherlands), 뉴질랜드(New Zealand), 나이지리아(Nigeria), 니우에(Niue), 노르웨이(Norway), 파키스탄(Pakistan), 파나마(Panama), 폴란드(Poland), 포르투갈(Portugal), 카타르(Qatar), 루마니아(Romania), 러시아(Russian Federation), 세인트키츠네비스(Saint Kitts and Nevis), 세인트루시아(Saint Lucia), 세인트

빈센트그레나딘(Saint Vincent and the Grenadines), 사모아(Samoa), 산마리노(San Marino), 사우디아라비아(Saudi Arabia), 세이셸(Seychelles), 싱가포르(Singapore), 신트마르턴(Sint Maarten), 슬로바키아(Slovak Republic), 슬로베니아(Slovenia), 남아프리카공화국(South Africa), 스페인(Spain), 스웨덴(Sweden), 스위스(Switzerland), 터키(Turkey), 터크스케이커스아일랜드(Turks and Caicos Islands), 아랍에미리트(United Arab Emirates), 영국(United Kingdom), 우루과이(Uruguay)

위의 국가들이 협정에 서명함으로써 서명국 간에 금융정보가 자동적으로 교환되는 것은 아니다. 위 서명국 중 어느 두 국가가 서로의 필요에 의해 정보를 서로 교환하기로 합의한 이후부터 금융정보의 교환이 이루어지게 된다.

특이한 것은 이 협정국에 세계 경제 1위국인 미국은 빠져 있다는 것이다. 이후의 장에서 자세히 설명하겠지만 미국은 세계의 금융기관(FFI)을 상대로 FATCA라는 보다 강제력이 있는 제도를 시행함으로써 다자간금융정보자동교환협정이 의도하는 목적을 이미 달성하고 있다.

세계에서 가장 큰 금융센터인 미국은 초기단계부터 금융정보의 자동교환을 거부하였는데 그 근저에 FATCA가 있는 것이다. 미국은 FATCA의 시행으로 다른 국가로부터는 미국이 필요로 하는 금융정보를 자동으로 제공받지만 평등하지 않은 협정으로 인해 제한된 국가와 제한된 범위 내에서 미국내 금융정보를 제공하게 되어 있다. 이것이 미국이 OECD 주도의 자동 정보교환인 다자간금융정보자동교환협정에 가입하지 않은 주요 이유로 풀이된다.

금융정보자동교환은 무엇인가?

금융정보자동교환은 조세회피와 자금세탁을 방지하기 위해 협약국 간에 자국에 거주하는 외국인들의 금융정보를 서로 공유하는 것으로, OECD 재정위원회에서 2014년 승인한 자동정보교환 표준모델인 CRS(Common Reporting Standard)에 따라 협정국 간에 자국 내 외국인의 금융정보를 매년 자동으로 교환하게 되는데 CRS는 이보다 앞서 시행된 미국의 해외금융계좌 납세협력법, 즉 FATCA 보다 발전된 형태로 볼 수 있다.

2017년 9월 53개 협정국 간에 최초로 금융정보를 교환한 것을 시작으로 매년 자국 내 비거주자의 금융정보를 수집하여 자동교환하게 된다. 이 협정에 따라 협정국에 소재하는 금융기관에 계좌를 개설하는 개인과 회사는 일정한 양식에 자신의 해외 거주지국을 선언하고 거주지국의 주소와 납세번호(TIN) 등 자신의 거주지국에 대한 정보를 제공하여야 한다.

어떠한 금융정보가 교환되는가?

교환대상이 되는 정보는 금융계좌의 계좌번호, 계좌잔액, 해당 계좌에 지급되는 이자·배당 소득 등이며 이에 따라 각국의 금융기관은 개인이나 회사가 금융계좌를 오픈할때 일정한 양식에 의해 개인이나 회사의 거주지국에 관한 정보를 수집하게 되는데 이 거주지국선언(Declaration of Tax Residence)의 양식은 나라마다 다르지만 수집하는 정보는 비슷하다.

다음은 캐나다의 금융기관에 개인이나 회사가 계좌를 오픈할 때 작성하는 거주지국선언서(Declaration of Tax Residence)의 샘플양식이다. 이 양식은 크게 계좌주(Account holder), 거주지국 선언(Declaration of tax residence), 확인(Certification)으로 대별된다.

:: 계좌주정보(Identification of account holder) ::

Section1 – Identification of account holder			
Last name	First name and initial(s)	Date of birth	Year Month Day
Policy/account number assigned by the financial institution			
Permanent residence address			
Apartment number – street number and name		City	
Province, territory, state, or sub-entity	Country or jurisdiction	Postal or ZIP code	
Mailing address(only if different from the permanent residence address)			
Apartment number – street number and name		City	
Province, territory, state, or sub-entity	Country or jurisdiction	Postal or ZIP code	

이 협약을 통해서 교환되는 정보는 위에서 수집된 계좌주(Account holder)의 영문이름, 생년월일, 해외 주소, 납세자번호(TIN, Taxpayer Identification Number) 등 거주지국에 관한 정보와, 계좌를 오픈한 금융기관의 이름, 보유한 계좌번호, 계좌에서 지급된 이자나 배당금액 등 원천소득의 총액 등이 되는 것이다.

미국을 제외한 국가로서 미국의 해외금융계좌납세협력법, 즉 FATCA이 동시에 적용되는 경우는 추가로 미국 거주자인지 여부를 확인하게 되는 것이다.

:: 거주지국의 선언(Declaration of tax residence) ::

Section2 – Declaration of tax residence

Tick(✔) all of the options that apply to you.

☐ **I am a tax resident of Canada.** If you ticked this box, give your social insurance number.

Social insurance number
☐☐☐☐☐☐☐☐☐

☐ **I am a tax resident or a citizen of the United States.**
If you ticked this box, give your taxpayer identification number (TIN) from the United States.

TIN from the United States
☐☐☐☐☐☐☐☐☐

If you do not have a TIN from the United States, have you applied for one?   ☐ Yes ☐ No

☐ **I am a tax resident of a jurisdiction other than Canada or the United States.**
If you ticked this box, give your jurisdictions of tax residence and taxpayer identification numbers.

If you do not have a TIN for a specific jurisdiction, give the reason using one of these choices:
  Reason 1: I will apply or have applied for a TIN but have not yet received it.
  Reason 2: My jurisdiction of tax residence does not issue TINs to its residents.
  Reason 3: Other reason.
For this form, "other reason" is enough. However, you still have to tell your financial institution the specific reason.

Jurisdiction of tax residence	Taxpayer identification number	If you do not have a TIN, choose reason 1, 2, or 3.

:: 확인란 ::

Section3 – Certification

I certify that the information given on this from is correct and complete. I will give my financial institution a new form within 30 days of any change in circumstances that causes the information on this form to become incomplete or inaccurate.

Name(print)	Signature	Date (Year Month Day)

그리고 금융계좌를 오픈하는 회사(Entity)의 경우는 별도로 이사 등 경영자(Controlling persons) 각자에 대하여 다시 거주지국선언 (Declaration of Tax Residence)을 추가로 하게 된다.

이러한 나라 간 금융정보의 교환은 국제적인 조세회피에 대하여 유래 없는 세계 각국의 협조를 담보하게 되었지만, 역시 세계 최대 경제대국인 미국과 많은 개발도상국 및 조세피난처를 미서명국으로 남겨 놓게 됨으로써 과연 의도한 효과를 달성할 수 있을지에 대한 비판을 받고 있는 것도 사실이다.

9

조세피난처(Tax Havens)와 정보교환

1. 조세정보교환협정

우리나라는 미국 등 93개국과 조세조약을 통하여 과세정보를 교환하는 것과 별도로 바하마, 버진아일랜드 등 조세피난처 11곳과 조세정보교환협정(Agreement on the exchange of information relating to tax matters)을 체결하고 있다.

이들 나라는 외국에 진출하는 국내기업이나 국내로 진출하는 외국기업의 조세회피를 가능하게 하는 조세시스템과 사회 경제적 환경을 제공하는 지역이나 나라로서 이러한 협정을 통해 이들 나라에 소재한 기업의 정보, 소유권에 관한 정보, 회계기록, 개인과 기업의 금융거래내역 등을 받아 볼 수 있다.

이러한 정보는 국내 기업이나 개인이 버진아일랜드 등 다국적기업의 페이퍼컴퍼니가 집중된 조세피난처에 세운 회사에 대한 정보를 모으기 위한 것을 주 목적으로 하고 있다.

그리고 이 협정 시행국가에 있는 기업에 대한 조사를 할 때 필요한 경우에 상대국 내에서 면담과 장부조사를 할 수 있으며, 상대국의 조사에 우리나라의 국세청이 참여할 수도 있는 전방위적인 정보의 교환이라고 할 수 있다.

일반적으로 외국의 사례에서 보면 조세회피 위험이 있는 나라나 지역과는 조세조약을 맺지 않는다. 다국적기업이 조세조약상 낮은 세율을 적용받는 조세피난처를 통해 우회투자를 하거나, 자국의 투자자들이나 기업들이 이러한 조세피난처를 통해 미국 등에 우회투자를 하고 그 소득을 조세피난처로 이전하는 등 조세를 회피하는 사례들을 우려하기 때문이다.

실제로 조세정보교환협정을 맺은 11개국 중에는 모리셔스와 같이 조세정보교환협정을 맺는 대신 조세조약을 맺자는 제의를 한 국가도 있었으나 우리 측의 이러한 우려로 거절한 경우도 있다.

이러한 조세정보의 교환은 조세조약을 통하여 통상적이고 정기적인 정보의 교환이 아니라 장래에 그 국가에서 우리나라 개인이나 회사의 조세회피가 문제화되었을 때 과세자료를 요청하고 조사의 수단으로 활용하기 위한 것이라고 볼 수 있다.

2017년 12월 현재 조세정보교환협정이 체결된 곳은 11곳으로 다음과 같다.

쿡아일랜드(Cook Islands), 마셜제도(Marshall Islands), 바하마(Bahamas), 버뮤다(Bermuda), 저지(Jersey), 영국령버진아일랜드(British Virgin Islands), 사모아(Samoa), 건지(Guernsey), 안도라(Andorra), 모리셔스(Mauritius), 바누아투(Vanuatu)

어떠한 정보를 교환하는가?

그러면 실제로 조세정보교환협정에는 어떠한 내용이 있는지 구체적으로 살펴보자. 협정에 의하면 우리나라의 세법에 따라 부과하여야 할 조세를 결정하고, 징수하며, 세무조사와 기소를 위하여 조세피난처에 정보를 요청할 수 있다.

이들 조세피난처와 맺은 협정에서는, 쿡아일랜드 등 조세피난처가 보유하고 있는 정보가 우리나라가 요청한 정보에 비하여 충분하지 않는 경우 요청받은 정보를 우리나라에 제공하기 위하여 직접 정보를 수집하여 제공할 수 있도록 하였다. 그럼, 11개 조세피난처가 우리나라의 요청에 의하여 수집하여 제공할 수 있는 정보에는 어떤 것들이 있을까?

먼저 은행(Bank), 금융기관(Financial Institution), 대리인, 신탁회사 등이 보유한 정보이다. 다음으로 회사의 소유에 관한 정보이다(Ownership of companies, partnerships, trusts, foundations). 특히 신탁회사(Trusts)의 경우 신탁자(Settlor), 수탁자(Trustee) 그리고 수혜자(Beneficiary)의 정보가 제공될 수 있다.

또 다른 획기적인 사항은 협정국은 다른 협정국의 영역 내에 들어가 관련된 회사와 개인들의 서면동의를 받아 면담하고 기록을 조사하는 것을 허용할 수도 있다는 점이다. 또한, 한쪽 협정국은 그 다른 쪽 협정국의 세무조사의 적절한 부분에 입회하는 것도 허용할 수 있다.

그동안 조세피난처는 국세청으로서는 과세의 사각지대나 다름없었다. 왜냐하면 조세피난처는 조세조약을 맺지 않았기 때문에 우리나라 회사나 투자자에 관한 정보를 요청할 수도 혹은 우리의 요청에 조세피난처가 적극적으로 화답할 필요도 없었기 때문이다.

그러나 세계적인 기업들이 조세피난처에 있는 회사를 통해 조세를 회피하는 사례가 늘어나자 조세회피에 적극적으로 대처하기 위해 선진 각국에서 앞다투어 정보교환협정을 체결하게 되었고, 우리나라도 이러한 세계적인 추세에 발맞추어 조세피난처와 조세정보협정을 체결하게 된 것이다.

그러나 필자의 의견으로는 이러한 조세정보교환협정이 자동적으로 우리나라와 조세피난처와의 완전한 정보의 교환으로 연결되기는 쉽지 않아 보인다. 그것은 우리나라의 주민등록번호와 같이 국제적으로 개인을 식별할 수 있는 식별체계(Universal Identification Number)가 없고, 근본적으로 정보교환에 대하여 매우 소극적인 조세피난처들이 그러한 정보교환의 요청에 응하지 않았을 경우에 나라 대 나라로서 강제할 만한 마땅한 방안이 없다는 것이 중요한 이유일 것이다.

2. 국조법상 정보의 교환

이러한 조세정보교환협정과 다자간조세행정공조협약과는 별도로 우리나라의 국조법(국제조세조정에 관한 법률)은 이러한 협정과 협약의 시행을 법률적으로 뒷받침하기 위하여 국가 간의 조세협력의무에 대하여 규정하고 있다. 조세정보 및 금융정보의 교환에 관한 내용, 세무조사에 있어서의 국가 간의 협력 등이 그것이다.

여기에서 중요한 것은 조세정보와 금융정보의 교환이다. 아래에서는 국조법에 규정된 조세정보와 금융정보의 교환 대상과 교환 방법에 대하여 간단히 설명하고자 한다.

조세정보의 교환

우리나라의 국세청은 외국 정부의 조세부과, 조세확보, 조세불복 및 형사소추를 위하여 필요한 정보를 획득하여 다른 나라와 교환할 수 있다. 만약 국세청이 다른 나라의 요청으로 법인이나 개인의 조세정보 또는 금융정보를 제공한 경우에는 제공한 날부터 10일 이내에 그 법인이나 개인에게 통지하여야 한다. 만약 다른 나라가 증거인멸이나, 방해의 우려 등으로 관련된 회사나 개인에게 통지를 지연하여 줄 것을 요청하는 경우가 있을 수 있다. 이 경우에는 6개월의 한도에서 통지를 유예할 수도 있다.

금융정보의 교환

우리나라에서는 다른 나라가 우리나라의 개인이나 회사의 금융정보를 요청하는 경우, 금융정보를 제공할 것을 금융회사에 요청할 수 있다. 이러한 정보는 상대국에서 요청하는 재산조회에 필요한 금융정보를 포함하는 것으로, 우리나라의 금융실명거래 및 비밀보장에 관한 법률에도 불구하고 이러한 정보를 국내 금융회사로부터 수집하여 제공할 수 있다. 이러한 요청이 있으면 국내 금융회사는 3개월 이내에 제출하여야 한다.

동시세무조사와 파견조사

국조법은 조세조약과 다자간조세행정공조협약을 뒷받침하기 위하여 동시 세무조사와 파견조사에 대하여도 규정하고 있다. 국세청은 조세조약이 적용되는 회사나 개인과의 거래에 대하여 세무조사가 필요하다고 판단되는 경우에는 그 거래에 대하여 다른 나라와 동시에 세무조사를 하거나 다른 나라에 조사관을 파견하여 다른 나라의 세무조사에 참여하게 할 수 있다. 또한 다른 나라가 조세조약에 따라 세무조사 협력을 요청하는 경우에는 이를 수락할 수도 있다.

케이만아일랜드!
한국인이 미국 다음으로
많이 투자한 지역

세계지도를 펼쳐 놓고 과연 케이만아일랜드가 어디에 있는지 단번에 찾을 수 있는 사람이 얼마나 있을까? 그러한 케이만아일랜드가 한국인과 한국기업이 미국 다음으로 많이 투자한 지역이다.

우리나라는 2017년 한 해 케이만아일랜드에 약 50억 달러를 투자하였다. 케러비안해의 서쪽에 아름다운 세 개의 작은 섬들로 이루어진 케이만아일랜드가 우리나라가 세계에서 미국에 이어 두 번째로 많은 자금을 투자하는 지역이 되었다니 실로 놀라지 않을 수 없다.

약 29억 달러의 투자금액이 집중된 홍콩은 세계 세 번째 투자대상국으로, 중국보다 투자금액이 많았다.

국가	투자금액 (백만 달러)
미국	15,287
케이만아일랜드	4,978
홍콩	2,971
중국	2,969
베트남	1,955
룩셈부르크	1,558
아일랜드	1,512
영국	1,108
싱가포르	1,022
일본	832

투자상위 10개 국가 중에는 룩셈부르크, 아일랜드 그리고 싱가포르가 그 이름을 올렸다. 이들 국가들은 공식적으로 조세피난처 명단에 올려져 있지는 않지만 여전히 조세피난처로 간주되거나 혹은 낮은 법인세와 소득세 혹은 외국 투자자에 대한 인센티브 등으로 여전히 조세회피에 이용되는 것으로 우리에게 잘 알려져 있다.

우리나라 기업과 국민이 지난 한 해 EU에 의해 조세피난처로 지정된 블랙리스트 국가와 국제적인 조세회피에 있어서 메이저 플레이어라고 할 수 있는 케이만아일랜드, 버뮤다, 맨섬, 건지, 저지 및 영국령버진아일랜드 등에 대한 투자금액을 살펴보면 흥미롭다.

투자통계에 의하면, 조세피난처로 흘러들어 가는 자금이 2007년 약 13억 달러에서 2017년 약 69억 달러로 10년새 약 5배의 증가를 기록하였다. 같은 기간 동안 해외투자금액이 약 1.7배 증가한 것에 비하면 비약적인 증가세다. 전체 해외투자액 중 조세피난처에 대

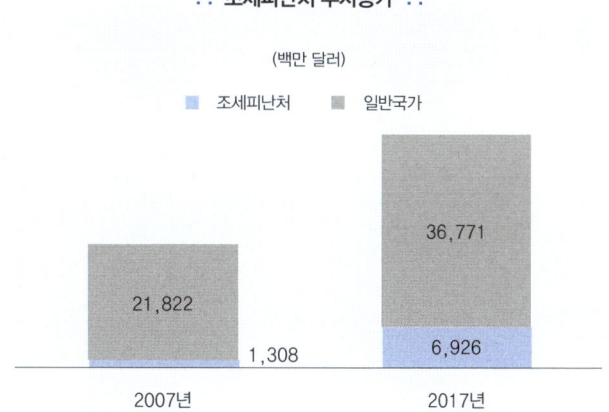

∷ 조세피난처 투자증가 ∷

한 투자비중이 2007년 5.7%에 불과하던 것이 2017년에는 15.39%로 약 3배 정도 증가하였다.

이러한 조세피난처 가운데 한국인에게 가장 인기 있는 곳은 어디일까? 그것은 단연 케이만아일랜드이다. 케이만아일랜드는 조세피난처 투자액의 무려 72%가 집중되어 있다. 다음으로 건지(9%), 영국령 버진아일랜드(6%), 저지(6%), 마샬군도(3%)가 그 뒤를 이었다.

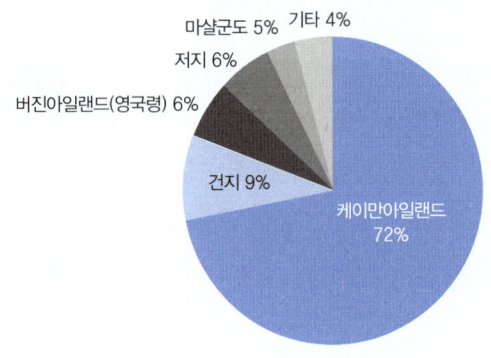

:: 조세피난처별 투자비율(2017말 기준) ::

약 10년 전의 투자금액과 투자지역 등을 비교한다면 우리나라는 더 이상 국제적인 조세회피에 있어서 변두리 국가가 아니란 것을 위의 통계들은 명확하게 보여 주고 있다. 일반인들은 지구상에 도대체 어디에 존재하는지조차도 모르는 섬 지역들. 과연 무엇이 이러한 섬 지역에 자산가들과 기업들을 끌어들이는 것일까?

많은 다국적기업들과 자산가들이 버뮤다 등 조세피난처에 있는 금융기관에 비밀계좌를 개설하고 페이퍼컴퍼니 설립을 통해 자국에서 부담해야 할 법인세와 소득세를 회피하는 것은 우리에게 널리 알려져 있다. 이러한 조세피난처로 몰려드는 자금은 정상적인 기업자금에서부터 러시아 범죄조직의 비밀자금, 남미 마약조직의 검은 자금, 정치가들과 기업의 불법자금 등 그 종류도 다양하다. 이러한 자금의 운용을 위해 역외금융센터에 개설된 비밀스런 계좌와 그 실제 설립자와 투자자를 알 수 없는 페이퍼컴퍼니들이 변호사, 회계사 및 금융기관의 은밀한 협조하에 이러한 조세회피에 이용되고 있다.

케이만아일랜드는 가장 잘 알려진 조세피난처이다. 케이만아이랜드는 법인세가 없다. 이것은 많은 다국적기업들이 기업의 소득에 대한 과세를 회피하기 위해 자회사를 케이만아일랜드에 설립하게 하는 주요 이유이기도 하다. 조세피난처는 대개 법인세가 아주 낮거나 없다. 실제로 영국령 버진아일랜드에서는 법인세는 물론 소득세, 상속세, 증여세 그리고 소비세가 없다.

실제로 거대 다국적기업들은 이러한 조세피난처에 역외회사를 설립하고, 기업의 소득이 실제 기업이 거주하는 나라가 아니라 이 역외회사를 통해서 발생하도록 기업구조를 기획하기도 한다. 이렇게 되면 기업의 이익은 기업이 거주하는 나라의 세법에 의해서 고율로 과세되는 것이 아니라 조세피난처의 세법에 의해 저율로 과세되거나 혹은 법인세를 전혀 내지 않게 되는 것이다. 조세피난처는 역외금융서비스 또한 발달하였는데, 이는 이러한 다국적기업이나 자산가들이 거주지국의 세금을 회피하는 데 있어서 아주 중요한 역할을 하게 된다.

케이만아일랜드는 많은 미국의 엘리트와 거대 다국적기업에 있어 가장 인기 있는 조세피난처 가운데 한 곳인데, 그것은 케이만아일랜드가 케이만아일랜드 이외의 지역에서 벌어들인 수입에 대하여는 법인세나 소득세를 과세하지 않는 것이 가장 큰 이유이다. 대신에 매년 면허세(Licensing fee)라는 것이 있어서 자본금의 일정비율을 납부하게 된다. 투자자산으로부터 벌어들인 이자나 배당에 대하여도 세금이 과세되지 않는데, 특히 헤지펀드 매니저들에게 매력적인 곳으로 알려져 있다.

많은 자산가들과 기업들이 조세피난처를 선호하는 또 다른 이유는 강한 비밀보호법 때문이다. 역외회사를 설립한 사람이 누구인지, 회사의 투자자가 누구인지 등 일반적인 나라에서 쉽게 획득할 수 있는 정보들조차도 엄격한 비밀보호법 아래 철저히 베일에 싸여 있는 경우가 많다. 이러한 특성은 자산가들이나 기업가들이 자산이나 자신들의 존재를 은밀하게 숨김으로서 자국의 포위망에서 벗어날 수 있는 좋은 은신처를 제공하기도 한다.

2000년 OECD는 조세피난처가 이렇게 조세회피에 이용되는 것을 막기 위해 제도적인 투명성을 갖추고 있는지 여부, 정보교환에 협조적인지 여부 그리고 일정 수준의 조세를 유지하고 있는지 여부 등에 대한 일정한 스탠다드(Standards of transparency and exchange of information)를 마련하고 그 기준에 부합하는 국가나 지역 47개를 블랙리스트, 즉 비협조적 조세피난처(Un-cooperative tax havens)로 지정하였다.

그동안 개선 의지를 보인 조세피난처가 단계적으로 명단에서 제외되었고, 2016년부터는 트리니다드토바고 1개 국가만이 조세피난처 명단에 남아 있다. 그러나 문제는 아무도 캐러비안의 작은 섬나라에 불과한 트리니다드토바고가 세계 검은 자금이 흘러드는 유일한 조세피난처라고 생각지 않는다는 것이다.

여전히 기존의 조세피난처가 국제적으로 조세의 도피처가 되는 상황에서 OECD는 이러한 조세피난처의 지정을 성급히 해제함으로써 스스로 무장을 해제해 버린 것과 같다. 그동안 OECD는 국제적 조세회피에 대한 나라 간의 공동대응에 있어서 그 구심점의 역할을 맡아 왔고, 이러한 조세피난처 지정의 해제는 국제적 조세회피에서 OECD가 맡아 온 그동안의 역할을 스스로 포기한 것이라고 할 수 있다.

OECD는 이제 그 동력인 심각성을 상실하고 투명성과 정보교환을 약속한 기존의 조세피난처들의 이후 행보를 무기력하게 지켜보아야만 하는 입장이다. 이러한 OECD의 심각성 상실과 스스로의 무장해제는 2017년 말 유럽연합(EU)이 자체적으로 17개의 조세피난처 명단을 지정함으로써 기정사실화되었다. 이러한 EU의 자체 조세피난처의 지정은 많은 지역이나 국가가 여전히 조세피난처의 역할을 하고 있음에도 OECD가 단 1개 국가만을 조세피난처로 남겨 둠으로써 그 실효성에 의문을 제기하였을 가능성이 크다.

17개국은 미국령 사모아, 바레인, 바베이도스, 그레나다, 괌, 한국, 마카오, 마샬제도, 몽골, 나미비아, 팔라우, 파나마, 세인트루시아, 사모아, 트리니다드토바고, 튀니지, 아랍에미레이트연합이다. 한국은 다행히 문제가 된 외국인투자에 대한 세제지원 부분에 대하여 제도 개선을 약속하고 명단에서 제외될 수 있었다. 지정 후 곧바로 제도개선을 약속하고 명단에서 제외될 수 있었다면 사전에 EU측과 적극적인 협의를 통해 블랙리스트 지정을 막았으면 어땠을까 아쉬움이 남을 수밖에 없다. 관련 당국은 이 일로 우리 국민이 받은 오명과 상처를 마음 아프게 생각하고 다시는 이러한 일이 없도록 노력하여야 할 것으로 보인다.

그러나 EU의 블랙리스트의 지정은 그 시작부터 한계를 안고 있었다고 볼 수 있다. 국제적인 조세회피의 큰 부분을 차지하는 네덜란드, 아일랜드, 몰타, 룩셈부르크, 사이프러스는 EU회원국가로서 그 시작 단계부터 조세피난처 지정을 피하였다는 것이다. 그리고 국제적인 조세회피에 있어서 메이저 플레이어로 통하는 영국령의 케이만 아일랜드, 버뮤다, 맨섬, 건지, 저지가 무더기로 블랙리스트에서 빠져 워치리스트로 포함되었다. 조세피난처로 악명 높은 국가들은 워치리스트로 분류되어 오명을 벗어난 반면, 블랙리스트에는 대부분 작은 국가들이 포함되는 현상이 발생한 것이다.

현재 프랑스, 포르투갈 등 유럽 국가들은 자체적으로 조세피난처의 리스트를 작성하여 보유하고 있는 국가들이 많다. 이번 EU의 조세피난처 지정은 EU국가 간의 조세피난처에 대한 기준을 표준화하고 EU국가들의 조세에 대한 가치를 실현할 수 있는 유럽연합 차원의 공동대응을 시작하였다는 것에 그 의미가 부여되어야 한다고 본다.

이제 우리나라도 미국 등 선진국들이 사활을 걸고 치르는 국제적인 조세회피와의 전쟁에서 멀리 떨어져 있지 않다. 우리나라도 선진국들과 같이 자체 조세피난처 리스트, 즉 블랙리스트를 보유하는 것은 국제적인 조세회피에 대처하는 가장 첫걸음이라고 할 수 있다.

조세피난처라는 개념이 모든 나라에 동일하게 적용되지는 않는다. 즉, 어떤 지역이나 국가가 어떤 나라에서 조세피난처로 간주되었다고 하더라도 다른 나라가 그 지역이나 국가를 조세피난처로 간주하여야 하는 것은 아니다. 조세피난처와의 개별적인 조세조약이나 정보교환협정의 체결 혹은 긴밀한 협력은 더 이상 어떤 지역이나 국가가 조세피난처로서의 역할을 달성하지 못하게 할 수도 있기 때문이다.

블랙리스트는 자체만으로 조세피난처를 통해 활동하는 자산가와 기업들에게 강력한 경고메시지를 가진다. 블랙리스트가 그 효력을 발휘하기 위해서는 그 리스트가 모든 이들이 공감할 수 있도록 합리적이고 설득력이 있어야 할 것이다.

블랙리스트에 포함된 지역이나 국가를 통해 활동하는 기업에 대하여 금융기관의 금융자금지원의 제한은 기업들이 스스로의 자금으로 직접 블랙리스트 지역에 진출하여야 하는 부담을 안겨 주고 결과적으로 조세회피의 의지를 상쇄시킬 수 있다.

또한 블랙리스트를 통해 활동하는 국내기업이나 해외자본에 대하여 강력한 보고의무를 부여하는 것은 블랙리스트의 실효성을 한층 부각시킬 수 있다. 조세피난처를 통한 투자구조나 사업구조를 보고서를 통해 당국에 신고하는 것은 그 자체만으로 조세회피의 의지를 상쇄시키고 필요한 경우에 조세부과를 위한 중요한 자료로 활용될 수 있다.

그동안의 국세청의 국제적인 조세회피에 대한 대응방식은 사후 검증방식이었다. 따라서 많은 시간과 노력이 필요한 것이 사실이었다.

또한 어떤 경우는 해외 자본이 이미 이익을 주주나 파트너들에게 배분한 이후에 검증에 착수함으로써 검증실익이 없는 경우도 있었다.

바야흐로 새로운 국제조세 환경에 맞는 새로운 방식을 도입할 때이다. 조세피난처로 들어가는 자금을 모두 색안경을 끼고 볼 필요는 없다. 그러나 우리나라의 두 번째로 큰 투자대상국이 과거에는 해적으로, 지금은 국제적인 조세회피로 악명 높은 지역이란 것을 감안하면 최소한 옥석은 가리는 지혜가 필요하다고 본다.

10

해외계좌의 신고

　국세청이 공개한 국세통계에 의하면, 2017년에 해외금융계좌 신고액이 61조 원으로 2011년 시행된 이후 사상 최대를 기록했다. 시행 이듬해인 2012년 신고액인 22조 8천억 원과 비교하면 2.7배나 증가한 규모다.

　특기할 만한 것은 신고된 61조 원 중 법인의 신고금액이 56조 원으로서 약 92%를 차지하고 있다는 점이다. 개별 신고금액 50억 원을 초과하여 신고한 법인이 302개로 신고금액은 55조4천억 원에 달했다. 이것은 곧 해외금융계좌신고의 대부분이 기업의 기업자금이라는 것이다. 이는 개인의 신고금액이 5조 원으로서 8%인 것과는 아주 대조적이다.

　이러한 해외의 금융기관에 보유한 기업과 개인의 자금 중에는 국내에서 소득세나 법인세신고 등을 통해 과세가 이루어진 자금이 대부분일 것으로 보이지만, 국내에서 과세가 이루어지지 않고 편법으로 해외로 유출된 자금도 일부 있을 것으로 추정된다. 신고된 금액에서 과세가 이루어지지 않은 자금을 정확하게 분리하는 것이 이제 국세청의 숙제가 아닐까 싶다.

국내재산의 편법적인 해외반출과 국제적인 조세회피를 방지하기 위한 제도적 인프라로서 해외금융계좌신고제도는 2011년 6월 처음으로 시행되었다. 이는 내국인이 보유한 모든 해외금융계좌 잔액의 합이 5억 원을 초과하는 경우 그 정보를 매년 6월에 국세청에 신고하는 제도이다. 많은 사람들의 관심을 받고 있는 이러한 해외금융계좌 신고에 대하여 자세히 들여다보기로 한다.

신고의무자

매년 말일 현재 우리나라 내국법인과 거주자가 신고하여야 한다. 내국법인은 우리나라에 본점이나 주사무소 또는 사업의 실질적 관리장소를 둔 법인을 말한다. 거주자란 국내에 주소를 두거나 183일 이상 거주하는 장소를 둔 개인을 말하며, 국적과는 관계없이 외국인이더라도 국내에 주소가 있거나 183일 이상 거주하는 장소를 두고 있는 경우에는 우리나라의 거주자에 해당한다.

여기에서 주소는 생활의 근거가 되는 유일한 곳으로, 대부분의 경우 주소가 명백하지만 다른 나라에 직업이나 집이 있어 빈번하게 출국과 입국을 반복하는 사람에게 있어 가끔 주소는 명확하지 않을 수 있다. 이 경우에는 직업, 가족, 자산, 국적 등 모든 상황을 종합적으로 고려하여 판단하게 된다. 거주하는 장소는 주소 이외에 상당한 기간에 걸쳐 살고 있는 장소로 주소처럼 아주 밀접한 생활 관계가 발생하지 않는 장소이다.

재외국민과 외국인

위의 거주자 중에 재외국민과 외국인은 일부 신고의무가 면제되는데, 재외국민 중 매년 말일 기준 2년 전부터 국내에 거소를 둔 기간의 합계가 183일 이하인 경우와, 외국인 거주자 중 매년 말일 기준 10년 전부터 국내에 주소나 거소를 둔 기간의 합계가 5년 이하인 경우에는 신고의무가 면제된다.

다시 말해, 우리나라 국민으로서 외국의 영주권을 취득한 사람도 매년 말일 기준 2년 전부터 국내에 거주하는 장소를 둔 기간이 183일을 초과하는 사람은 신고하여야 한다. 또 외국인의 경우에는 매년 말일 기준 10년 전부터 국내에 주소나 거주하는 장소를 둔 기간이 5년을 초과하면 신고를 하여야 한다.

여기서 재외국민은 우리나라 국민으로서 외국의 영주권을 취득한 사람이나 영주할 목적으로 외국에 거주하고 있는 사람을 말하며, 외국인은 외국 국적자를 말한다.

차명계좌

해외에 보유한 금융계좌의 명의자가 실지 소유자의 명의로 되어 있지 않은 경우에는 명의자와 실지 소유자 둘 다 신고를 하여야 한다.

공동계좌

외국의 경우에는 은행의 계좌가 보통 부부 공동명의(Joint account)로 되어 있는 경우가 많은데, 이 경우에는 공동명의자 각자가 신고를 하여야 함에 유의하자.

신고대상

신고대상은 해외의 금융회사에 보유한 모든 금융자산이다. 여기에는 현금, 예금, 적금, 주식, 채권, 투자증권, 파생상품, 보험, 펀드 등 금융거래를 위하여 해외에 있는 금융회사에 개설한 모든 계좌가 포함된다. 여기서 해외 금융회사란 외국에서 설립된 금융회사와 이와 유사한 금융회사 등을 포함하는 것이다.

매월 말일 중 어느 하루라도 보유계좌 전체 잔액의 합계액이 5억원을 초과하는 경우에 모든 해외금융계좌와 그 계좌에 보유한 자산을 신고하여야 한다.

해외 보험상품의 경우에는 매월 말일 현재의 납입금액을 기준으로 판단하고, 만기 시에 환급되는 금액이 없고 사고나 위험을 보장하기 위한 순수소멸성 보험은 저축성 보험과는 달리 신고대상에서 제외된다.

신고 방법

매년 1월부터 12월까지 해외에 보유한 금융계좌를 다음 해 6월까지 해외금융계좌신고서를 작성하여 국세청에 제출한다. 보유 중인 모든 해외금융계좌의 매월 말일 잔액을 원화로 환산하여 합산하였을 때 그 합계액이 가장 큰 날을 기준일로 하여, 그 기준일 현재 보유하고 있는 해외금융계좌의 잔액 합계액을 신고금액으로 신고하는 것이다.

기한후신고 및 수정신고

6월까지 전년도에 보유한 해외금융계좌정보를 신고하지 않았거나 실수로 실제보다 작게 신고한 경우에도 국세청에서 과태료를 부과하기 전까지는 언제라도 해외금융계좌 정보를 수정하여 신고할 수 있다.

수정신고나 신고기한이 지나서 신고한 경우에는 과태료가 수정신고 또는 기한 후 신고한 시점에 따라 최대 70%까지 줄어든다.

국내회사가 100% 소유한 외국회사

국내 회사는 해외에 현지법인을 설립하여 사업을 하는 경우가 일반적인데, 그 지분율이 직접 또는 간접으로 소유한 경우를 합해 100%인 경우에는 국내회사가 외국회사가 보유한 해외금융계좌를 실질적으로 보유하고 있다고 보아 내국법인에 신고의무를 부여하고 있다.

중요한 것은 그 외국회사가 조세조약 체결국에 있는 경우에는 제외된다. 만약 계좌의 실제 소유자가 국내회사이고 외국회사는 명의만 있을 경우에는 지분율이나 조세조약 체결 여부 등과 상관없이 실제 소유자인 국내회사가 신고를 하도록 하고 있다.

미신고

이 경우에는 10%의 과태료가 부과된다. 만약 누락한 금액이 20억 원을 초과하면 과태료는 15%로, 50억 원을 초과하면 20%로 늘어난다. 이러한 과태료는 신고를 하지 않은 연도마다 별도로 부과되므로 만약 10억 원에 해당하는 해외 금융자산의 신고를 연속해서 3년간 하지 못하였다면 30%의 과태료가 부과되는 셈이다.

해외주재원의 신고의무

국내회사의 해외현지법인에 파견 근무하는 사람이나 해외공관에서 근무하는 공무원은 엄격히 말하면 국내 거주자가 아니다. 왜냐하면 계속하여 183일 이상 해외에 거주할 것을 일반적으로 필요로 하는 직업을 가진 때에는 우리나라에 주소가 없는 것으로 보기 때문이다. 그러나 해외공관에서 근무하는 공무원과 국내회사가 100% 출자한 해외현지법인에 파견된 임원이나 직원은 예외적으로 거주자에 해당하고 해외금융계좌에 대한 신고도 하여야 한다.

외국 영주권자

해외금융계좌를 신고하여야 하는 사람은 국적이나 외국 영주권을 가지고 있는지에 따라 판단되지 않고 세법상 거주자에 해당되면 신고의무가 있다. 거주자의 요건은 앞서 여러 번 설명하였다. 다만 영주권자의 경우, 매 연도 말 기준 2년 전부터 국내에 거소를 둔 기간의 합계가 183일 이하인 경우에는 신고의무가 면제된다.

외국 시민권자

외국인이 비거주자라면 당연히 신고의무가 없다. 그러나 외국인이 세법상의 거주자에 해당하는 경우에는 모든 거주자가 신고의무가 있는 것이 아니라 특별히 매년 말 기준 10년 전부터 국내에 주소나 거주하는 장소를 둔 기간이 5년을 초과한 경우에만 신고할 의무가 있다.

한국국적을 보유하다가 외국의 시민권을 취득하여 외국인이 된 경우나 그들의 자녀로서 외국 시민권을 보유한 사람들 중에도 한국에 거주하는 이들이 많다. 이들도 역시 10년 동안에 5년 이상 한국에 주소나 거주하는 장소를 둔 경우에만 신고할 의무가 부여된다. 결론적으로 다른 외국인과 다르지 않다는 것이다.

내국법인의 해외지점

해외금융계좌의 신고의무자는 거주자와 내국법인이다. 내국법인의 해외지점은 내국법인의 일부이므로 당연히 해외지점의 계좌도 신고하여야 한다.

종교단체와 시민단체

국가기관이나 공공기관을 제외한 비영리법인은 신고의무 면제자에 해당하지 않기 때문에 요건을 충족할 경우 해외금융계좌를 신고하여야 한다.

금융채무

해외 금융자산과 해외 금융채무가 있을 경우 금융자산에서 금융채무를 차감하여 신고하는 것이 아니라 해외 금융자산만이 신고의 대상이 됨에 주의하여야 한다. 계좌개설만 하고 잔고가 없는 계좌나 잔고가 마이너스인 계좌는 신고할 필요가 없다.

가족 합산 여부

해외금융계좌 신고 시 부부나 자녀 등 가족이 보유한 전체 해외금융계좌잔액의 합계액으로 신고대상 여부를 판단하는 것이 아니라, 가족의 구성원 각자가 보유하는 계좌의 잔액으로만 판단하게 된다. 다만, 가족의 명의로 차명계좌를 보유한 경우에는 명의자와 실질적 소유자는 각각 신고를 하여야 한다.

공동계좌의 신고기준

공동보유 계좌잔액이 5억 원을 초과하지만 각자의 지분율대로 나누면 1인당 보유 계좌잔액이 5억 원 이하가 되는 경우가 있다. 이러한 경우에 공동명의자는 그 계좌의 잔액 전부를 각각 보유한 것으로 보기 때문에 지분율에 관계없이 각자가 계좌잔액 전체 액을 신고하여야 한다.

환율

해외 금융기관에 보유한 각국의 외화를 원화로 환산할 때는 기준환율이나 재정환율을 이용하는데, 이는 한국은행경제통계시스템(ecos.bok.or.kr)이나 서울외국환중개주식회사(www.smbs.biz)에서 과거의 환율을 조회하여서 환산한다.

11

미국의 해외계좌납세협력법(FATCA)과 해외계좌신고제도(FBAR)

지인 중 한 분이 오래전에 미국으로 이민을 가서 호텔사업을 통해 많은 돈을 벌었다. 그는 여느 재력가와 마찬가지로 홍콩에 있는 은행에 자산의 일부인 몇백만 달러를 예치하였다. 미국국세청(IRS)에는 이러한 사실을 신고하지 않고 있다가 2010년 3월 미국이 FATCA(Foreign Account Tax Compliance Act)를 시행하면서 자진신고 프로그램을 통해 신고하면서 신고금액의 절반에 가까운 돈을 세금과 벌금(Penalty)으로 납부해야 했다고 한다. 하지만 이 문제는 신고로서 모두 종결되지 않고 형사상 처벌(Ciminal Penalty)의 가능성도 있기 때문에 불안한 생각을 떨치지 못하고 있다고 하소연한 적이 있다.

FATCA가 무엇이길래 이렇게 많은 재력가들을 불안하게 하는 것일까? 이제부터 FATCA에 대하여 구체적으로 살펴보도록 하자.

1. 해외금융계좌납세협력법(FATCA)

2010년 3월 미국은 자국 납세자의 해외금융자산에 대한 정보를 수집하기 위해 해외금융기관이 미국의 납세에 협력하는 법, 즉 FATCA를 제정하였다. FATCA는 해외금융계좌신고(FBAR)를 통한 해외 금융자산의 자발적인 신고가 부진하자 도입된 새로운 국가 간 정보교환 방식이다. 현재까지 미국은 전 세계 110여 개국과 협력이 이뤄지고 있다.

FATCA는 미국 납세자(U.S. Account Holders)나 납세자가 10% 이상 직간접 지분을 소유한 외국법인 등의 금융자산(Financial Assets)에 관한 정보를 보유한 해외의 금융기관(FFI: Foreign Financial Institutions)은 미국과 계좌정보 제공약정을 체결하여 미국 납세자와 미국 납세자가 지분을 보유한 회사에 관한 정보를 매년 미국 IRS로 통보하는 제도이다.

해외의 금융기관(FFI)은 이러한 협조를 통해 미국의 FATCA상 제재 대상에서 제외될 수 있고, 이로 인해 미국 내 금융시장에서의 영업 관련 불확실성을 해소할 수 있는 것이다.

한국과 미국은 2015년에 FATCA에 서명하고 2016년 국회 비준을 거쳐 시행에 들어갔다. 미국과의 금융정보 교환이 본격적으로 시행되면 양 국가의 거주자가 그동안 신고하지 않은 고액의 금융자산이 과세당국에 포착될 가능성이 커지고, 잇따라 그동안 신고되지 않은 개인과 기업의 소득에 대한 과세가 일정 부분 이루어질 것으로 예상된다.

해외 협력금융회사(FFI)

여기서 해외금융기관(FFI)에는 은행뿐 아니라 투자회사, 중개인(Broker), 보험회사 및 특정한 비금융기관도 포함된다. 해외금융기관(FFI)은 고객이 새로운 계좌를 만들 때 이 법에 따라 미국 국적자(Citizenship)인지 확인하는 질문을 하게 된다.

신고 방법

이후에 설명할 FBAR에 의한 신고의무에 추가하여 신고의무가 주어지는 FATCA는 해외에 금융자산을 보유하고 있는 미국 납세자는 소득세 신고 시 해외출자지분(Passive foreign investment)은 Form 8621에, $50,000을 초과하는 금융자산은 Form 8938(Statement of specified foreign financial assets)을 이용해 신고하여야 한다.

무엇을 신고하여야 하는가

신고대상이 되는 해외금융자산은 외국주식(Foreign Stocks), 외국증권(Foreign Securities), 외국 금융상품(Foreign Financial Instruments), 외국인과의 계약(Contracts with non-U.S. persons), 외국 회사에 대한 지분(Interest in foreign entities)을 포함한다. 만약 신고의무자가 해외 금융자산을 다른 신고양식에 의해 이미 신고하였다면, Form 8938에 다시 신고할 필요는 없다.

신고를 하지 않았을 경우

이러한 신고의무를 다하지 않았을 경우는 $10,000의 벌금(Penalty)

을 부과하고 계속 위반 시에는 최대 $50,000까지 부과할 수 있도록 하고 있다. 그리고 중요한 것은 해외금융자산을 신고하였으면 발생하였을 세금부담액의 무려 40%를 벌금으로 납부하여야 한다.

기존 FBAR제도에 더하여 시행되는 FATCA가 더욱 관심을 끌게 되는 이유는 납세자정보교환 때문이다. FATCA에 서명한 해외에 소재하는 금융기관이 매년 IRS에 보고하는 미국 납세자의 금융계좌에 관한 정보는 무엇보다 이 제도의 효과적인 시행을 담보하는 강력한 도구인 것이다.

이렇게 미국 국세청이 해외자산 보유자에 대한 압박을 강화하자 미국 국적을 포기하는 사례도 발생하고 있다. 하지만 미국 국적을 포기하더라도 앞으로 미국에서 살아갈 계획이라면 과연 국적 포기가 근본적인 해결책인지는 생각해 볼 대목이다.

한-미 금융정보자동교환

이러한 미국의 새로운 제도의 시행과 더불어 2016년부터는 한미금융정보자동교환협정에 의하여, 매년 정기적으로 한국은 미국 납세자의 금융계좌 정보를 9월까지 미국 측에 제공하고 미국 측은 한국 납세자에 관한 정보를 한국 국세청에 제공한다.

미국에서 한국으로 넘어오는 자료는 연간 이자 10만 달러를 초과하는 예금계좌와, 이자와 배당 등 미국원천소득과 관련된 금융계좌에 대한 정보이다. 한국 회사가 미국에서 발생하는 소득에 관련된 금융계좌도 같이 전달된다.

반면에 한국은 5만 달러를 초과하는 개인 금융계좌 정보와 25만 달러를 초과하는 법인 금융계좌 정보를 미국에 제공하게 된다.

2. 해외금융계좌 신고제도(FBAR)

미국, 캐나다, 프랑스, 호주, 일본 등 선진국도 우리나라와 같은 해외금융계좌 신고제도를 실시하고 있는데, 미국의 해외금융계좌 신고제도(FBAR: Report of Foreign Bank and Financial Accounts)가 대표적이다.

FBAR

미국 Bank Secrecy Act(BSA)라는 법률에 의해 재무부가 미국 외에 소재하는 금융회사에 미국인(United States Persons)이 보유하는 금융계좌의 정보를 수집할 수 있게 됨에 따라, 한 해 동안(1 Calendar Year, 즉 1월부터 12월) 어느 시점이라도 해외금융계좌의 합계액이 $10,000을 초과하게 되면 다음 해 4월 15일까지 FinCEN Form 114, 즉 FBAR을 통해 정보를 자진신고하는 제도이다.

FBAR 신고의무자

미국인, 즉 시민권자, 영주권자, 미국법에 의해 미국에서 설립된 회사, 파트너십, 유한책임회사(Limited Liability Company), 미국법에 의해 설립된 신탁회사, 에스테이트(Estate) 등이 신고의무자이다.

무엇을 신고하는가

미국 이외의 해외 금융기관에 보유하고 있는 은행계좌(Savings accounts, Checking accounts, Time deposits), 증권계좌(채권, 주식, 파생상품 등), 보험상품(Insurance policies with a cash value), 뮤추얼펀드, 신탁재산 등 모든 금융계좌를 신고하여야 한다.

공동계좌(Jointly Held Accounts)

두 명 이상의 사람이 해외금융계좌를 공동으로 보유하거나, 여러 명이 부분적으로 계좌에 대한 권리(Interest)를 가지고 있는 경우 각자가 전체 금액을 보고하여야 한다.

벌칙(Penalties)

이러한 해외의 금융기관에 보유한 계좌를 신고하지 않는 경우 2018년 기준 계좌당 $12,459, 고의가 있으면 $124,588과 최대 미신고금액의 50% 중 큰 금액이 민사상제재(Cilvil Penalty)로 매년 부과된다. 고의로 미신고하여 적발된 경우 $250,000 이하의 벌금 또는 5년 이하 징역(Criminal Penalty) 혹은 벌금과 징역을 병과할 수도 있다.

자발신고(Offshore Voluntary Disclosure Program)

과거에 해외의 금융기관이나 해외의 자산에서 발생한 소득을 국세청에 신고하지 않은 경우, FBAR과 세금신고를 자발적으로 할 수 있도록 2012년 9월 자발 신고프로그램을 다시 시작하였다.

12

이전가격
(Transfer Pricing)

　원래 이전가격(Transfer Pricing)은 회사 내의 한 부서나 기업그룹의 한 자회사에서 상품이나 서비스를 다른 부서나 다른 자회사로 팔 경우에 적용되는 가격을 말한다. 따라서 이전가격은 부서 간 거래나 관계회사 간 거래에서 원가나 수익을 결정하는 데 이용되는 회계의 한 기법 중의 하나이다.

　국제거래에서 이전가격이란 주로 다른 나라에 있는 지점이나 자회사 등 특수관계가 있는 기업과 물건이나 서비스를 거래하면서 정상적인 가격보다 높거나 낮은 가격을 책정하여 한 기업의 소득이 다른 기업의 소득으로 이전되는 것을 말한다. 이렇게 어느 한쪽의 과세소득이 줄어들 경우에 그 회사가 소재하는 나라의 과세당국은 정상적인 가격을 기준으로 다시 소득을 계산하여 조세를 부과하게 된다. 이것을 '정상가격에 의한 과세조정'이라고 말한다.

필자의 경험에 의하면 다국적기업(Multinational organization)이라면 그 규모에 상관없이 대부분 이전가격의 잠재적인 이슈를 안고 있다고 해도 과언이 아니다. 왜냐하면 다국적기업은 다른 나라에 있는 특수관계기업과 서로 상품을 거래하거나, 자금을 차입하고, 서비스를 이용하고 지적재산권을 이용하는 등 특수관계가 있는 기업 간의 거래가 매우 흔하기 때문이다.

독자들 중에 해외의 현지법인에 상품을 공급하거나 현지법인으로부터 상품을 사 오는 경우, 현지법인에 자금을 대여하고 이자를 받는 경우, 현지법인에 경영자문을 하고 수수료를 받는 경우, 현지법인이 특허권을 사용하도록 하고 로열티를 받는 경우 등 많은 국제거래 가운데 하나라도 해당한다면 여러분은 이미 복잡한 이전가격의 문제로부터 자유롭지 못하다고 할 수 있다.

필자가 국세청에서 여러 종류의 이전가격조사를 수행한 경험에 의하면, 일반적으로 국제조세는 회계사나 변호사의 영역이라고 말할 수 있지만 이전가격은 경제학자, 특허전문가, 금융공학자, 법률가 등 다양한 종류의 전문가의 영역이라고 말할 수 있다. 왜냐하면 이전가격은 다국적기업의 다양한 비지니스와 다양한 전문 분야가 조세와 결합되기 때문이다.

독자들이 이 책의 한정된 지면을 통해서 많은 이론과 가정이 동원되는 이전가격을 완전히 이해하기는 어렵다. 그러나 필자는 되도록 쉽게 그리고 이전가격을 필요로 하는 독자라면 반드시 알아야 할 내용 위주로 집필하고자 한다. 독자들이 이 장을 통해서 전문적이고 멀

게만 느껴지는 이전가격을 좀 더 쉽게 이해할 수 있고, 실제로 국제 무대에서 활용할 수 있기를 기대해 본다.

1. 정상가격원칙(Arm's length principle)

정상가격원칙은 서로 다른 나라에서 영업을 하는 특수관계가 있는 기업들 간에 이전가격을 결정할 때 사용하는 국제적으로 통용되는 일반 원칙이다. 그리고 이전가격은 이 정상가격원칙을 빼고는 그 자체가 무의미하다.

조세조약에 관한 OECD모델은 독립된 기업 간에 발생하는 경제적 관계와 다른 어떠한 조건이 특수관계기업들 간에 적용됨으로 인해 특수관계기업들 중 어느 한 기업에 귀속될 이익이 이러한 조건 때문에 귀속되지 않는 경우에는 그러한 소득에 대하여 과세할 수 있도록 하고 있다.

이러한 정상가격원칙은 우리나라 국제조세조정에 관한 법률(국조법)의 근간을 이루고 있고, 실제 국제거래에서 이전가격을 적용함에 있어서 국조법은 기본법으로서의 역할을, 그리고 OECD 이전가격 가이드라인(OECD Transfer Pricing Guideline)은 세부지침서의 역할을 하게 된다. 이전가격은 국가 간 과세소득의 재조정이므로 OECD 이전가격 가이드라인에 반하는 조정은 향후 국가 간 분쟁의 씨앗이 될 수도 있다.

특수관계기업(Associated Enterprises)

일반적으로 특수관계기업이란 거주자 혹은 내국법인과 특수관계가 있는 비거주자 혹은 외국법인을 말한다. 여기서 특수관계란 어느 한 기업이 다른 기업의 의결주식 50% 이상을 직간접으로 보유하거나, 제3자가 양쪽 기업의 의결주식을 50% 이상을 직간접으로 보유하는 경우, 상품이나 서비스의 거래 혹은 자금대여 등을 통해 어느 한 기업이 다른 기업의 사업방침을 실질적으로 컨트롤하는 경우 등에 발생하게 된다.

2. 정상가격의 산출 방법(Transfer Pricing Medhods)

OECD 이전가격 가이드라인에서는 5가지의 정상가격 산출 방법을 명시하고 있다. 우리나라의 국조법도 이 5가지의 방법을 정상가격산출방법으로 규정하고 있다. 이러한 다섯 가지 방법은 서로 간에 우선순위가 없이 특정 상황에서 정상가격을 가장 합리적으로 산출할 수 있는 방법이면 선택할 수 있다. 그리고 이러한 방법으로도 정상가격을 산출할 수 없는 경우에는 그 거래의 실질에 비추어 가장 합리적인 방법을 적용할 수 있도록 하고 있다.

비교가능 3자 가격법(Comparable uncontrolled price method)

이 방법은 특수관계기업 간의 거래가격과, 비교가능성이 있는 특수관계자가 아닌 기업 간의 상품이나 서비스 거래에 대하여 적용되는

가격을 서로 비교하여 기업의 소득을 조정하는 방법이다.

 필자의 경험에 의하면, 특수한 경우를 제외하고는 이 방법을 사용하여 정상가격을 조정하지 않는다. 이 방법은 특수관계기업 간에 거래되는 상품 및 서비스와 비교가능한 3자간 거래되는 상품 및 서비스를 찾는 것이 관건인데, 다양한 경제 환경과 복잡한 기업의 영업 형태를 고려하였을 때 그러한 비교가능한 거래를 찾는 것은 거의 실현가능성이 없기 때문이다.

 만약 억지로 그러한 방법을 사용하여 정상가격을 산출하였더라도 기업의 입장에서는 국세청의 이전가격조사에 의해 공격받을 가능성이 크고, 만약 국세청이 그러한 방법을 사용하였다면 기업과의 길고 지루한 공방을 각오하여야만 할 것이다.

재판매가격법(Resale price method)

 국내의 기업과 외국의 특수관계기업이 상품이나 서비스를 거래한 이후에 어느 한쪽인 그 상품이나 서비스를 구매한 기업이 특수관계가 없는 3자에게 다시 그 상품이나 서비를 판매하는 경우에 그 판매가격에서 그 특수관계기업의 일반적인 이익(Profits)을 제외한 가격을 정상가격으로 보고 소득을 조정하는 방법이다. 특수관계자의 일반적인 이익은 비교가능한 3자의 매출총이익의 판매가격에 대한 비율을 근거로 산출하게 된다.

 이러한 방법은 주로 외국의 특수관계기업으로부터 상품이나 서비스를 수입하여 국내에 재판매하는 다국적기업에 적용이 가능한 방법이다.

원가가산법(Cost plus method)

국내의 기업과 외국의 특수관계기업의 국제거래에서 제품의 제조 판매나 서비스의 제공 과정에서 발생한 원가에 특수관계기업의 일반적인 이익(Profits)을 더한 가격을 정상가격으로 보아 소득을 조정하는 방법이다. 특수관계자의 일반적인 이익은 비교가능한 3자의 매출총이익의 원가에 대한 비율을 근거로 산출된다.

이러한 방법은 주로 국내에서 상품이나 서비스를 생산하여 국외의 특수관계기업에 수출하는 다국적기업에 주로 적용 가능한 방법이다.

이익분할방법(Profit split method)

국내 기업과 외국의 특수관계기업간의 국제거래에 있어 두 기업이 함께 실현한 거래이익(Combined profits)을 합리적인 방법에 의하여 산정된 두 기업간의 상대적 기여도에 따라 배분하고 배분된 각자의 이익을 기초로 정상가격을 산출하여 소득을 조정하는 방법이다.

이 방법은 두 기업 간의 거래가 매우 밀접하게 연결되어 있어서 다른 방법을 사용하기에 적합하지 않는 경우에 해결 방법이 될 수 있다.

거래순이익률법(Transactional net margin method)

국내 기업과 외국의 특수관계기업 간의 국제거래에 있어서 국내 기업과 특수관계가 없는 기업 간의 거래나 제3자 기업 간의 거래 중에 특수관계 거래와 비슷한 거래를 찾아 거기에서 실현된 이익률을 가지고 산정한 정상가격을 기준으로 소득을 조정하는 방법이다.

여기에서 비교가능한 이익률은 매출에 대한 순이익률(Net profit to

sales), 비용에 대한 순이익률(Net profit to costs), 자산에 대한 순이익률(Net profit to assets), 베리율(Berry ratios) 등이 이용될 수 있다.

이 방법의 이익률이 비교가능 3자법과 같이 상품이나 서비스의 특수성에 대한 차이(Transactional differences)에 영향을 덜 받고 특수관계거래와 비교가능거래 간의 기능적인 차이(Functional differences)에도 영향을 덜 받는다. 왜냐하면 기업의 거래 간에 발생하는 기능적 차이는 이미 영업비용에 반영되어 있기 때문에 기능적 차이에 대한 조정이 불필요하기 때문이다.

이러한 이유 때문에 많은 다국적기업에서 가장 많이 선택하는 방법이 거래순이익률법이고, 국세청의 이전가격조사에서도 가장 많이 채택하는 방법이 거래순이익률법이다.

그러나 거래순이익률법 역시 많은 단점을 가지고 있다. 그중에 필자의 생각에 가장 큰 단점은 비교대상기업의 정확한 정보를 얻는 것이 어렵다는 점이다. 거래순이익률법은 단순히 비교대상기업의 재무제표만 있으면 산출될 수 있다. 그러나 비교대상기업의 특수한 상황을 반영하지 않은 거래순이익률법은 많은 논리적인 약점을 가질 수밖에 없다.

3. 정상가격 자료제출

국제거래를 하는 기업은 법인세 신고 시 정상가격산출방법신고서, 원가등의분담액조정명세서, 국제거래명세서, 국외특수관계인의 요약손익계산서를 함께 제출하여야 한다. 이러한 자료는 국세청이 어떤 기업의 정상가격을 결정하는 데 있어서 최소한의 자료이다.

다만 상품이나 제품의 거래금액이 50억 원 이하이거나 서비스의 거래금액이 10억 원 이하인 경우에는 정상가격산출방법신고서를 제출할 의무는 없다.

4. 정상가격 사전승인(Advance Pricing Arrangement)

전문가들 사이에 'APA'라고 통용되는 정상가격 사전승인은 국내의 기업이 해외의 특수관계기업과의 거래에서 일정 기간 동안에 적용할 정상가격 방법을 미리 국세청으로부터 승인받는 것이다.

APA는 승인신청을 한 기간 이전의 정상가격 산출에도 소급하여 적용할 것을 신청할 수 있는데, 그 기간은 최대 5년이다. 이렇게 APA가 승인되면 기업은 매년 그 방법으로 정상가격을 산출한 연례보고서를 국세청에 제출하게 된다.

13

과소자본 과세제도
(Thin Capitalisation)

　일반적으로 회사는 자본(Equity)의 증가나 채무(Debt)의 발생을 통하여 회사가 필요한 자금을 외부로부터 조달하게 된다. 과소자본(Thin capitalisation)은 회사가 자본에 비해서 상대적으로 많은 비중의 채무를 통해 자금을 조달하는 경우를 말한다. 그러면 이러한 회사의 자금조달이 왜 국제조세에서 문제가 되는 것일까?

　일반적으로 회사의 이익을 산정하는 과정에서 채무에 대하여 지급하는 이자비용은 공제되어 과세소득(Taxable profit)을 줄이게 된다. 이러한 이유로 종종 채무를 통한 자금의 조달은 자본의 형태를 통한 자금의 조달보다 세금의 관점에서 더 선호되는 것이다.

　다국적기업그룹은 종종 이러한 효과를 최대한 얻기 위해 세계적인 자금조달을 계획하기도 한다. 다국적기업은 단순히 돈을 빌리는 기업의 세금 효과만을 기대하고 이러한 구조를 기획한다기보다는 돈을 빌려주고 이자를 받는 기업의 세금 효과도 노리는 경우가 많다. 돈을 빌려준 기업의 경우는 주로 이자소득에 대해 과세를 하지 않거나 낮은 세율로 과세하는 국가에 설립함으로써 이중적인 세금 효과를 달성할 수 있다.

따라서 OECD 국가들은 이러한 기업이 과세소득을 계산할 때 공제할 수 있는 이자의 한도를 정하는 방법으로 그러한 조세 효과를 줄이고 있다. 이는 과도한 채무를 지는 방식으로 한 나라의 과세소득을 해외로 이전시키는 것을 막고 다른 기업과의 형평을 이루기 위한 목적에서 이루어진다.

일반적으로 과소자본 과세제도는 공제가능한 채무의 최대한을 규정하는 방식이나, 최대로 공제할 수 있는 이자비율을 정하는 방법으로 시행되는데 우리나라는 공제가능한 채무를 규정하는 방식을 채택하고 있다. 그럼 다음에서는 우리나라의 과소자본 과세제도에 대하여 좀 더 자세히 살펴보기로 하자.

어떤 경우에 적용하나?

기업의 차입금 중에서 해외에 있는 지배주주로부터 차입한 금액과 해외 지배주주의 지급보증에 의하여 다른 3자로부터 차입한 금액이 그 해외 지배주주의 출자금액의 2배를 넘는 경우에 적용된다. 이 경우, 그 초과분에 대한 이자비용은 국외 지배주주에 대하여 배당한 것으로 보고 기업의 소득을 산출할 때 비용으로 공제하지 않는 것이다.

해외 지배주주

여기서 해외 지배주주는 국내 기업을 실질적으로 지배하는 주주로 의결주식의 50% 이상을 보유하는 주주를 말한다. 그러나 해외의 지배주주로부터 조달한 채무가 특수관계가 없는 회사로부터 조달한 채무와 조건과 규모가 유사하여 그 채무가 사실상 출자에 해당하지 않는 경우에는 이 제도가 적용되지 않는다.

일반적으로 규모가 큰 다국적기업이 이러한 과소자본 과세제도로 과세되는 경우는 드물다. 글로벌 본사는 그룹사 간에 자금의 대여를 기획하기 전에 미리 여러 각도에서 과세에 대한 가능성을 검토하기 때문이다.

그러나 개인 투자자로서 해외에 투자를 계획하고있는 독자라면 이 부분에 유의할 필요가 있다. 먼저 투자를 하고자 하는 나라가 과소자본 과세제도를 시행하는 있는 나라인지 그리고 안전하게 이자의 공제가 가능한 최대금액은 얼마인지 등 미리 검토가 필요한 부분이다.

14

이의신청 및 국가 간 상호합의 (MAP)

　필자가 국세청의 송무분야에서 일할 당시의 이야기다. 하루는 어떤 노년의 여인이 아침에 종로구 수송동 청사 앞에서 피켓을 들고 있는 것이다. 언듯 피켓의 내용을 보니 소득세 과세가 부당하다는 성토의 글로 가득 차 있었다. 그 여인은 다음 날도 또 그다음 날도 계속 국세청사 앞에 서 있었다.

　이렇게 1인 시위가 계속되자 하루는 시간을 내어 자세히 피켓의 내용을 읽어 보았다. 그 피켓의 내용은 무려 8년 전에 부과한 소득세가 부당하니 취소해 달라는 것이었다. 얼마나 부당하다고 생각되면 8년이 지나서도 이렇게 내려놓지 못하고 고통스러워하고 있는 것일까 생각하고 그 여인에게 자초지종을 들어 보니, 다음과 같았다.

　10여 년 전에 남편과 경영하던 의류회사가 세무조사로 법인세를 추징당하고 동시에 주주였던 남편과 그 여인 앞으로 배당소득에 대한 소득세가 수천만 원 부과되었던 것이었다. 그 후 얼마 있지 않아 남편은 세상을 등졌고 그 회사도 폐업을 맞았다. 그 여인은 홀로 감당하기 어려운 시련을 받아들이며 세금에 대한 이의신청은 생각해 보지도 못하다가 세월이 흐른 이제야 과거를 돌아볼 여유가 생겼고, 지난 회사장부들을 꺼내 보면서 세금부과가 잘못되었다는 생각을 하게 되었다는 것이다.

그러나 안타까운 것은 그 세금은 제척기간이 지나서 아무리 국가가 잘못 부과한 것이더라도 더이상 세금을 늘리거나 줄일 수 없다는 것이었다. 제척기간이라는 것은 세금에 대한 관계를 조속히 확정시켜서 납세자의 조세법률관계를 안정시키고자 하는 좋은 취지로 만들어졌지만, 반대로 이러한 기간이 지나게 되면 납세자는 납세의무가 소멸하고 국가는 부과권이 소멸되어 더 이상의 정정이 불가능해진다.

한참 후에야 그것을 이해하고 돌아서는 그 여인의 뒷모습에서 연민과 함께 법에 대한 최소한의 지식이야말로 세상을 살아가는 데 꼭 필요한 것이라는 생각을 하였던 적이 있다.

1. 조세불복

국제거래는 외국과 연관되어 있어서 세금에 대하여 이의가 있으면 해결이 더욱 복잡하고 어려울 듯 보일 수도 있다. 다음에서는 어떠한 절차를 거쳐 국제거래에 대한 조세불복을 해결할 수 있는지 살펴보고자 한다.

먼저 국제거래에 대한 불복은 한국 국세청에 이의를 제기하는 것이 있고, 외국의 국세청에 이의를 제기하는 것 그리고 양쪽 국세청이 동시에 합의를 통해 조세 문제를 해결하는 것으로 나누어 볼 수 있다.

해외에 있는 회사와 거래를 하거나 해외의 자산을 매매하는 경우 등의 국제거래에 있어서 조세조약은 그러한 국제거래에 따른 소득을 어느 나라가 과세할 것인지를 규정하고 있다.

가령 예로 어느 나라의 거주자가 다른 나라에 있는 부동산을 양도하여 소득이 발생할 경우에 거주지국에서 그 소득에 대하여 과세를 하는지 아니면 부동산이 있는 나라에서 그 소득에 대하여 과세하는지는 조세조약을 보면 알 수 있다.

또, 어느 나라의 회사에서 받은 배당소득을 그 소득을 지급하는 회사가 있는 나라에서 과세할 것인지 아니면 배당소득을 지급받는 투자자가 있는 나라에서 과세할 것인지, 어느 나라에서 부과할 수 있는 세율은 최대 얼마로 제한할 것인지 등은 모두 조세조약에 규정되어 있다.

이렇게 배분된 권한 내에서 각 나라들은 국제거래에 대하여 세금을 부과하게 된다. 세금을 부과할 때 각 나라별로 내국세법의 규정을 따라야 함은 당연하다. 따라서 국제거래라고 하더라도 그 세금을 부과하거나 필요한 처분을 하여야 하는데, 하지 않은 당국자가 우리나라의 국세청이면 우리나라의 조세불복 절차를 거쳐야 하는 것이다.

여기서 먼저 한국 국세청에서 세금에 대한 이의가 있을 때 어떻게 해결할 수 있는지부터 살펴보자.

한국 국세청에 대한 조세불복

국세청으로부터 잘못된 처분을 받거나 혹은 필요한 처분을 받지 못하여 권리나 이익을 침해당하였다고 생각하는 사람이나 회사는 국세청장에게 심사청구를 하거나 조세심판원장에게 심판청구를 할 수 있다.

국가의 행위에 대한 행정소송은 이러한 심사청구나 심판청구를 반드시 거치도록 하고 있다. 그 가장 큰 이유는 많은 전문성이 필요한 조세 분야의 경우에 세금을 부과한 당사자가 전문성과 기술성을 가지고 신속하게 조세분쟁을 해결하도록 자기시정의 기회를 주기 위함이다.

만약 이러한 심사청구나 심판청구의 결정이 잘못되었다고 판단되면 소송절차에 들어가게 된다. 위법한 국세청의 행위에 대한 행정소송은 심사청구나 심판청구에 대한 결정통지를 받은 날로부터 90일 이내에 제기 할 수 있다.

그리고 납세자는 선택적으로 심사청구나 심판청구에 앞서 세무서장이나 지방국세청장에게 이의신청을 할 수 있으며, 세금이 고지전이라면 과세전적부심사를 적극 활용할 수도 있다.

외국 국세청에 대한 조세불복(Tax Objections and Appeals)

만약 국제거래에 대하여 외국 국세청이 부과한 세금이 외국의 세법을 잘못 적용하거나 조세조약을 잘못 해석하여 세금을 부과하였다면 외국의 조세불복 절차를 밟아야 한다.

외국의 조세불복은 각 나라마다 다르므로 외국의 조세전문가의 도움을 받아 외국의 세법에 규정된 조세불복의 절차를 밟아야 할 것이다. 외국의 경우에도 대부분 불복을 제기할 수 있는 기간(Notice of objection due date)이 정하여져 있는데, 이러한 기간은 개인(Individual)과 회사(Entity), 트러스트(Trust) 등 납세자에 따라 차이가 있는 경우도 있으므로 유의할 필요가 있다. 또한 수정신고(Amended returns)를 통해 부과된 세금의 차이가 없는 한도 내에서 공제사항을 조정할 수 있는 경우도 있으므로 참고하기 바란다.

2. 상호합의(Mutual Agreement Procedure)

조세조약이 적용되는 국제거래에 대하여 외국의 국세청으로부터 세금을 부과받은 것이 잘못된 경우, 일차적으로 외국의 국세청에 이의를 제기할 수 있다. 그러나 외국의 국세청에서 만족할 만한 결과를 얻지 못하였을 경우 상호합의를 생각해 볼 수 있다.

상호합의 신청

먼저 다른 나라의 국세청으로부터 조세조약의 내용과 다르게 부당하게 과세처분을 받거나 형평에 어긋나게 차별적으로 과세처분을 받은 경우에는 우리나라의 국세청에 상호합의를 개시하여 줄 것을 요청할 수 있다.

드물지만 조세조약의 해석에 관하여 명확한 기준이 필요하거나 다른 나라와 협의할 필요가 있는 경우에는 기획재정부에 상호합의를 신청하여야 한다.

상호합의의 개시

이렇게 우리나라의 개인이나 법인으로부터 상호합의 신청을 받은 경우에 우리나라의 국세청은 다른 나라의 국세청에 상호합의를 시작하여 줄 것을 문서로 요청하게 된다. 이렇게 상호합의가 개시되면 물론 그 신청인에게도 상호합의가 개시되었음을 통지하여 다음의 절차를 준비할 시간을 주게 된다.

그러나 몇 가지의 경우에는 상호합의를 신청할 수 없는 경우가 있으니 유의하자. 먼저 외국 국세청의 부과처분에 대하여 국내에서나 혹은 외국에서 소송을 진행하여 이미 판결을 받은 경우에는 상호합의를 신청할 수 없다. 또한 외국 국세청으로부터 과세된 것을 알고 3년이 지나서 상호합의를 신청하는 경우도 허용되지 않는다. 또 당사자나 대리인이 아닌 신청자격이 없는 사람이 신청하는 경우와 조세를 회피하기 위한 시간을 벌 목적으로 상호합의를 신청하는 경우도 허용되지 않는다.

상호합의는 여러 이해 당사자 간의 이해를 조율하고 자료를 수집하고 수집된 자료를 검토하는 등 합의까지 이루어지는 데 상당한 시간이 필요하다. OECD의 통계를 보면 일반적인 상호합의가 평균 17개월 정도 소요되고, 이전가격에 대한 상호합의는 평균 30개월 정도가 소요된다고 한다. 어떤 경우는 전혀 상호합의가 이루어지지 않기도 한다.

상호합의의 종료

상호합의가 시작되었으나 상호합의가 이루어지지 아니한 경우에는 시작일로부터 5년이 지나면 상호합의 절차를 종료하도록 하고 있다. 한다. 하지만 우리나라 국세청과 다른 나라의 국세청이 5년이 지났어도 상호합의를 계속 진행하기로 하는 경우에는 종료되지 않고 계속된다. 이러한 경우에도 최장 8년을 초과할 수는 없다. 그리고 상호합의 중이라도 신청한 사람이 상호합의를 종료하기를 원하거나 법원에서 판결을 받은 경우는 상호합의가 종료된다.

국세청은 상호합의가 이루어지면 그 결과에 따라서 세금부과를 정정하여야 하고, 상호합의가 진행되는 기간에는 세액의 징수를 유예하거나 압류 등의 체납처분을 유예할 수 있으니 참고하기 바란다. 만약 상호합의가 끝난 다음에 동일한 사안에 대하여 법원에서 상호합의 내용과 다른 결정을 하는 경우에는 그 상호합의는 처음부터 없었던 것으로 보도록 하고 있다.

OECD 통계

다음에서는 전 세계적으로 국가 간의 상호합의(MAP)가 어느 정도의 규모로 진행되고 상호합의가 처리되는 평균 소요시간은 얼마인지 등에 대하여 살펴보기로 하자.

아래의 데이터들은 OECD에서 분석한 통계로서 만약 여러분 중에 상호합의를 염두에 두고 있다면 그 상호합의의 실현가능성에 대하여 어느정도 아이디어를 제공하여 줄 것이다.

먼저 미국 등 66개 자료 제공 국가에서 2016년 말 현재 진행 중인 상호합의 건수는 7,190건이다. 이는 한 나라가 평균 109건의 상호합의를 진행되고 있다는 것이다. 독일이 가장 많은 1,180건으로 세계 평균의 10배 이상의 상호합의를 진행하고 있다. 다음으로 미국이 967건으로 두 번째다.

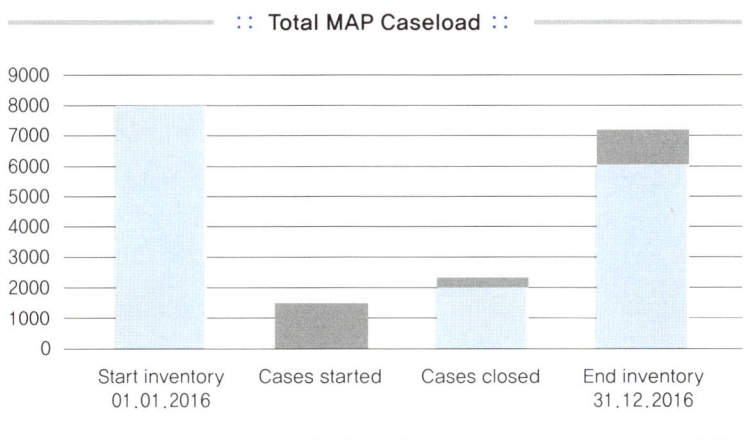

:: Total MAP Caseload ::

All cases*	Start inventory	Cases started	Cases closed	End inventory
Cases started before 1 January 2016	8002	0	1955	6047
Cases started as from 1 January 2016	0	1496	353	1143

특기할 만한 것은 유럽의 작은 국가인 벨기에가 756건으로 세계에서 4번째로 많은 상호합의를 진행하고 있다는 것이다. 이것은 많은 글로벌기업이나 자금이 벨기에를 통하여 EU 등 제3국에 진출하는 것과 무관치 않아 보인다. 미국계 사모펀드인 론스타펀드도 벨기에에

홀딩컴퍼니를 설립하여 우리나라에 진출한 것은 주지의 사실이다.

우리나라의 상호합의 진행 건수는 131건으로 세계 평균을 약간 상회한다. 자료 제출 국가 가운데 앙골라, 헤이티 등 상호합의가 전혀 없는 국가도 있는 점을 감안하면 우리나라의 상호합의 진행 건수는 우리나라의 경제규모를 감안하였을 때 많은 규모는 아닌 것으로 보인다. 일본은 114건으로 오히려 우리나라보다 작다.

이러한 상호합의 중에서 절대다수를 차지하는 사건은 단연 이전가격이다. 총 4,032건이 이전가격에 관한 상호합의로서 무려 전체의 56%나 차지한다. 이것은 이전가격이 어떤 명확한 기준에 의해서 과

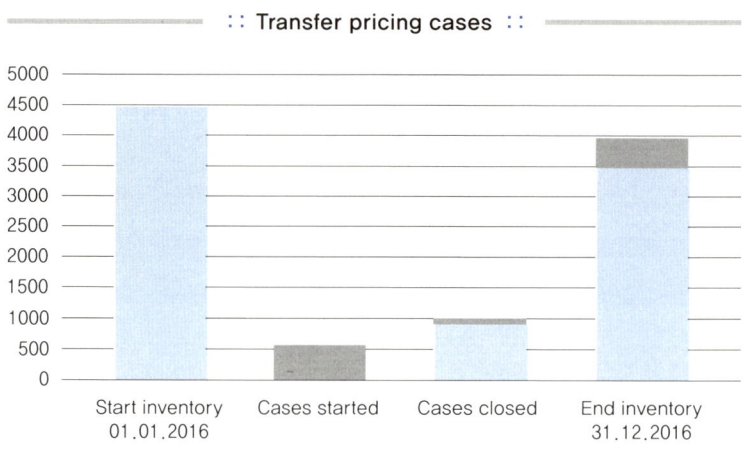

All cases*	Start inventory	Cases started	Cases closed	End inventory
Cases started before 1 January 2016	4451	0	972	3479
Cases started as from 1 January 2016	0	616	63	553

세가 될 수 있는 문제가 아니라 여러 가지 가설과 논리의 결과물로서 국세청 간에 견해 차이가 발생할 여지가 크고, 결과에 따라서 천문학적인 세금이 국가 간에 오고갈 수 있기 때문인 것으로 풀이된다.

미국이 세계 최고의 경제를 보유하고 있다는 것을 입증하듯 701건으로 가장 많은 이전가격에 관한 상호합의를 진행하고 있다.

이전가격을 제외한 분야에 대한 상호합의는 전체의 약 44%를 차지하고, 벨기에가 666건으로 이전가격을 제외한 전 세계 상호합의 진행의 무려 21%를 차지하고 있다. 다국적기업의 기업구조에 있어서 벨기에의 역할이 얼마나 큰지 다시 한번 실감할 수 있는 대목이다. 미국은 266건 그리고 한국은 53건을 진행 중이다.

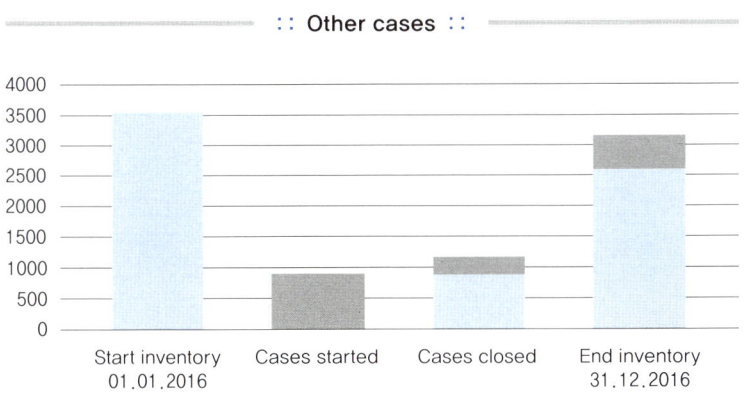

All cases*	Start inventory	Cases started	Cases closed	End inventory
Cases started before 1 January 2016	3551	0	983	2568
Cases started as from 1 January 2016	0	880	290	590

이러한 상호합의가 최종합의에 이르게 되는 평균 기간도 흥미롭다. 보통의 상호합의가 평균 17개월의 시간이 소요되는 반면, 이전가격은 다른 상호합의의 2배에 가까운 평균 30개월의 시간이 소요된다. 이는 비교대상거래의 비교가능성을 입증하기 위하여 국내는 물론 국제적인 방대한 데이터가 요구되는 이전가격의 특성과 매우 밀접한 관련이 있어 보인다.

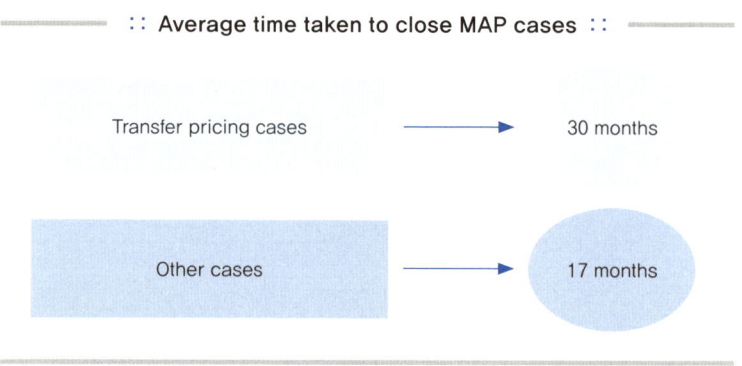

이러한 상호합의가 최종적으로 어떻게 결과로 연결되는지 살펴보자. 각 국가는 59%의 상호합의가 조세조약상 이중과세를 완전히 해소하였다고 평가하였다. 그리고 특이한 것은 40% 정도는 각자의 나라에서 해결방안을 강구하였거나 의도된 방향으로 해결이 되지 않았다고 평가하였다는 점이다.

국가 간 서로 다른 이해관계와 조세체계 등을 감안하면 조세에 관한 국가 간의 분쟁은 피할 수 없는 것이다. 해외 현지에서의 조세 문제에 대하여는 국내에서와 같이 적극적으로 대처하는 것은 쉽지 않

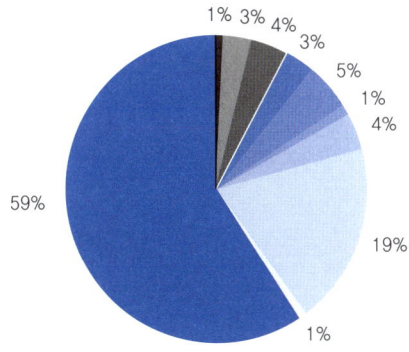

:: MAP Outcome ::

- no agreement including agreement to disagree
- any other outcome
- denied MAP access
- objection is not justified
- withdrawn by taxpayer
- agreement that there is no taxation not in accordance with tax treaty
- resolved via domestic remedy
- unilateral relief granted
- agreement partially eliminating double taxation / partially resolving taxation not in accordance with tax treaty
- agreement fully eliminating double taxation / fully resolving taxation not in accordance with tax treaty

다. 여기에는 타국에서 이용할 수 있는 인적 물적 네트워크가 제한되어 있다는 것과 다른 언어를 사용하는 데서 오는 소통의 문제 또한 연관되어 있다고 생각된다.

　필자가 이러한 OECD 통계를 여러분에게 제시하는 이유는 국제거래에서 혹시나 발생할 수 있는 외국 국세청과의 분쟁에서 적극적으로 대처하길 바라기 때문이다. 국제거래에 대하여 외국 국세청의 부당한 처분을 막연하게 바라보고 포기하기보다는 적극적으로 상대국에 어필하고 대처하는 자세가 필요하다. 상호합의를 통해 우리나라의 과세주권을 찾는 것은 한 납세자로서 외국정부에 세금을 부당하게 내지 않는 것만큼 중요하다.

15

해외 홀딩컴퍼니를 이용한 투자

　홀딩컴퍼니는 미국계 사모펀드인 론스타가 벨기에 설립한 홀딩컴퍼니를 통해 국내 스타타워를 매매한 것을 비롯해 외국의 대형자본이 국내에 진출할 때 활용하는 회사 형태로 잘 알려져 있다. 홀딩컴퍼니를 해외 글로벌 기업의 전유물로만 여기던 시대를 지나, 지금은 국내의 많은 회사들이 앞다투어 홀딩컴퍼니를 회사의 구조에 편입시키고 있다. 따라서 홀딩컴퍼니는 더 이상 우리에게 그리 낯설지 않다.

　그러면 도대체 홀딩컴퍼니는 어떤 회사일까? 그리고 왜 글로벌 기업들은 이 홀딩컴퍼니를 몇 개씩이나 보유하고 있는 것일까?

　먼저 홀딩컴퍼니는 한마디로 다른 회사의 경영과 회사정책을 컨트롤하기 위한 충분한 지분을 보유한 모회사를 말한다. 홀딩컴퍼니는 그 회사 자체에서 물건을 만들거나 서비스를 제공하는 목적으로 설립된 회사가 아니라, 다른 회사를 컨트롤하는 것을 유일한 목적으로 하는 회사라는 점에서 다른 형태의 회사와 확연히 구별된다. 홀딩컴퍼니 역시 하나의 회사로서 부동산 등 다른 자산을 보유하는 데 있어서 제한이 없는 것은 당연하다.

외국의 많은 회사가 홀딩컴퍼니를 이용하는 가장 중요한 이유는 홀딩컴퍼니가 자회사와는 별개의 회사라는 데 있다. 자회사에 부도가 발생하거나 자본이 잠식되는 경우, 홀딩컴퍼니는 자회사의 지분가치의 하락으로 인한 손실은 발생할지 모르지만 자회사의 채권자는 홀딩컴퍼니를 상대로 자회사의 채권을 회수하기 위한 어떠한 행위도 할 수 없다.

그래서 필자가 국세청에서 국제거래를 조사할 당시 해외의 유명 글로벌 기업들에서 이러한 홀딩컴퍼니를 이용한 글로벌 기업구조를 많이 찾아볼 수 있었다. 하나의 홀딩컴퍼니 아래에 여러 개의 홀딩컴퍼니가 존재하는데 하나의 홀딩컴퍼니는 상표권만을 보유하고, 다른 홀딩컴퍼니는 부동산만을 보유하고, 또 다른 홀딩컴퍼니는 프랜차이즈만을 관리하는 등 그 역할이 명확하게 구분되어 있었다. 이렇게 함으로써 자회사나 모회사는 다른 자매회사나 자회사가 재정적으로나 소송 등 법률적으로 위기에 처하더라도 제한적인 책임만을 짐으로써 그룹 전체를 위험으로부터 방어할 수 있는 것이다.

홀딩컴퍼니는 회사의 특정한 일부 사업을 조세의 세율이 낮은 국가나 지역에 편입시킴으로써 전략적으로 조세를 낮추는 데 이용되기도 한다.

홀딩컴퍼니는 완전히 다른 각도에서 이용되기도 한다. 즉, 개인 투자자들이 개인자산을 보호하는 데 이용되는 것이다. 예를 들어 개인 투자자가 주식, 채권, 외국에 소재한 부동산에 투자한다고 가정하자. 주식과 채권은 시세의 등락은 있더라도 법률적으로 소송을 당하거나 하여 개인 전체의 재산이 위험에 처하는 상황은 발생하기 힘들다. 그러나 부동산은 다를 수 있다. 부동산은 경우에 따라 임차인이나 부동산을 이용하는 사람으로부터 불의의 사고로 인한 소송의 당사자가 되는 경우가 있다.

외국의 경우 건물 안에서 안전조치를 미미하게 하여 건물을 이용하는 사람이 다치거나 하는 경우 그 건물의 소유자를 상대로 거액의 소송을 제기하기도 한다. 이러한 경우 건물의 소유자는 자신이 가진 부동산은 물론 보유한 주식과 채권 등도 소송의 결과에 따라 위험한 상황에 처하게 되는 것이다.

그러나 이러한 경우에 부동산만을 보유하는 홀딩컴퍼니를 설립하여 투자하는 방안을 고려할 수 있다. 여러 자산들을 개인적으로 소유하여 잠재적인 소송이나 리스크를 부담하기보다 홀딩컴퍼니를 통해 투자자산을 보유함으로써 개인 투자자가 가진 전체 자산이 아닌 그 홀딩컴퍼니가 보유한 자산만 리스크에 노출되는 것이다.

다음은 몇 가지 사례를 통해 어떻게 투자자 각자가 스스로가 처한 상황에 홀딩컴퍼니를 활용하여 대처할 수 있는지 좀 더 자세히 살펴보자. 이러한 상황에 처하지 않은 독자라도 홀딩컴퍼니의 유용한 측면을 알고 있으면 미래에 홀딩컴퍼니를 활용하여 보다 효율적인 투자를 하는 데 도움을 얻을 수 있을 것이다.

1. 자금의 순환(Flow of Funds)

만약 어떠한 투자자가 여러 개의 사업을 여러 개의 회사를 통해 경영하고 있다면, 홀딩컴퍼니를 활용하여 회사 간 자금순환을 쉽게 만들어 오너의 자금운용능력을 향상시킬 수 있다.

예를 들어, 오너인 개인이 두 개의 자매회사 B co, C co를 각각 100% 소유하고 있다고 하자. B회사가 여유자금을 보유하고 있고 C회사가 영업에 사용할 추가의 자금이 필요하다고 가정하자.

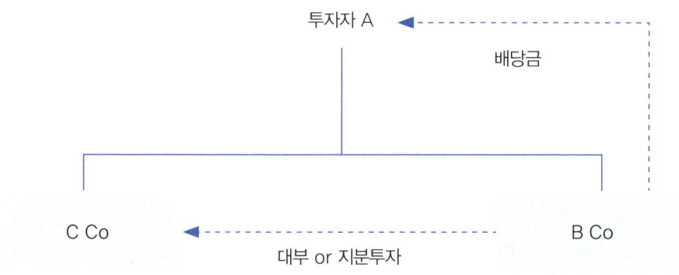

이러한 경우, C회사에 자금을 지원할 방식은 두 가지로 대별된다. 하나는 B회사가 오너인 A에게 배당을 지급하고 A가 그 자금을 C회사에 다시 자본금이나 대여 형식으로 지원하는 것이다. 이 경우 오너가 B회사로부터 받는 배당금은 과세가 될 것이다.

또 다른 방식으로 B회사가 C회사에 자금을 대여할 수도 있다. C회사가 차입이자를 상회하는 대여이자를 받고 자금을 C회사에 대여한다고 할 경우, B회사는 이자소득의 발생으로 인하여 법인세를 더 많이 부담하게 될 것이고 반면에 C회사는 이자비용을 부담하게 됨으로써 소득이 줄어들게 된다.

만약에 B회사가 자금의 차입이자와 대여이자 사이에 합리적인 이익(Positive Spread)이 없이 단순히 자금을 C회사에 수혈하는 목적으로 차입을 하는 경우, 외국의 국세청은 B회사의 파이낸싱에 따른 이자비용의 공제를 허용하지 않을 가능성이 크다. 국세청의 대응은 국가마다 상이할 것이지만 논리상 당연한 귀결로 보인다.

만약 B회사가 위의 문제를 해결하기 위해 C회사의 주식을 취득한다고 가정하자. 그러나 이러한 구조는 여러 가지 이유로 권고할 만하지 않다. 첫 번째로, 만약에 그룹 안에 어떠한 회사가 많은 자금을 필요로 한다고 가정할 때 그룹 내의 구조(Corporate structure)는 급격하게 복잡하게 변한다.

두 번째 단점은 C회사가 B회사에게 자금을 상환(Returning capital)하는 것이 구조적으로 어렵다는 것이다. C회사가 B회사가 보유한 지분을 다시 환매되거나, 자본을 감자하여야 하기 때문이다.

셋째, 만약 오너의 목적이 B회사의 제3 채권자에 대한 변제책임한계(Liability)를 최소화하기 원하는 것이라면 B회사의 채권자는 B회사가 가진 C회사에 대한 지분이나 대여금을 대상으로 상환을 청구할 것이기 때문에 바람직하지 않다.

이러한 경우에 홀딩컴퍼니를 이용한다면 어떻게 될까?

오너인 A가 홀딩컴퍼니(Holdco)를 설립하여 이 홀딩 컴퍼니를 통하여 B회사와 C회사를 경영한다고 가정하자. Holdco는 B회사와 관계회사(Connected company)이므로 홀딩컴퍼니가 받는 배당금에 대해서는 과세가 되지 않는다. 즉, 택스프리(tax-free)이다.

우리나라의 경우에도 지주회사는 자회사로부터 받는 배당금에 대하여 지주회사에 배당할 때 배당소득에 대하여 과세하고 지주회사가 주주에게 배당할 때 다시 배당소득에 대하여 과세하는 이중과세를 막기 위하여 자회사에서 지주회사에 지급하는 배당금에 대하여는 법인의 소득으로 보지 않도록 하고 있다. 이러한 조세제도는 캐나다와 호주 등 많은 국가에서도 찾아볼 수 있다.

이렇게 확보한 홀딩컴퍼니의 자금은 C회사에 회사 간 대여(Intercompany Loan)나 자본금의 확충(Share Subscription)의 형식으로 재투자가 가능하다. B회사의 배당이 부당한 경우 등 아주 특수한 경우를 제외하고는, B회사의 채권자는 B회사가 홀딩컴퍼니에 배당한 배당금이나 홀딩컴퍼니가 C회사에 재투자한 자금에 대하여 상환청구를 하는 것은 불가능하다. 만약 자금이 C회사에게 재투자되지 않는 경우에는 간단하게 다시 B회사에게 대여할 수도 있다. 이러한 경우에 B회사의 입장에서 홀딩컴퍼니는 이른바 안전한 채권자(Secured Creditor)가 되는 것이다.

2. 공제가능 비용으로의 전환
   (Conversion to Deductible Interest)

오너가 소유한 부동산임대회사(Realco)가 임대수입을 얻을 목적으로 부동산을 구입하기 위해 자금을 차입한다고 가정하자. 차입에 대한 이자는 임대소득에 대응하는 비용이므로 당연히 비용으로서 공제되어 과세소득을 줄이게 된다.

그러나 건물에 대하여 매년 발생하는 감가상각비는 회사 전체가 내는 법인세를 계산할 때 공제가 제한될 수 있다. 왜냐하면 일반적으로 임대소득은 수동적인 소득(Passive Income)으로 분류되고, 많은 국가에서 수동적인 소득을 발생시키기 위하여 발생되는 감가상각비(Capital cost allowance)를 오로지 임대용 부동산으로 인한 비용이 소득을 초과하지 않는 한도 내에서 공제를 허용하기 때문이다.

즉, 임대용 건물에서 발생한 감가상각비를 다른 능동적 사업에서 발생한 소득(Active Income)에서 공제하여 그 소득을 줄이는 것을 허용하지 않는다는 것이다. 이는 오너가 다른 사업에 따른 소득을 줄이기 위해 임대용 건물에서 거액의 감가상각비 계상을 통해 임대사업에서 손실을 발생시키는 것을 방지하기 위한 것이다. 우리나라 외국이나 이러한 부동산 임대소득 등 불로소득을 보는 시각은 많이 달라 보이지 않는다.

이러한 경우에는 홀딩컴퍼니를 생각할 수 있다. 만약 자매회사인 Opco가 순이익을 발생시키는 회사라고 가정하면 다음의 기업구조를 고려할 만하다.

자매회사인 Opco가 자금을 차입하는 경우에 차입으로 인한 비용은 소득과 세금을 줄이는 데 기여하게 되고 그 자금은 앞서 설명한 것과 같이 모회사인 홀딩컴퍼니(Holdco)에 비과세(Tax-free)로 배당 가능하다. 이 자금은 다시 다른 자매회사(Realco)에게 지분투자형식으로 투자된다.

이제 부동산회사(Realco)는 더 이상 차입에 대한 이자를 비용으로 공제하지 않기 때문에 비용이 소득을 초과하지 않을 것이므로 법인세 신고 시에 감가상각비 공제를 최대한 받아 법인세를 절약할 수 있다. 다른 자매회사(Opco) 역시 차입에 대한 이자를 최대한 공제하여 법인세를 줄일 수 있다.

3. 그룹사의 배당금에 대한 과세이연
(Intercorporate Dividends)

자회사로부터 이익을 배당받을때 배당금에 대한 조세를 이연시키기 위해서 하나 이상의 홀딩컴퍼니가 이용될 수 있다.

예를 들어, 비지니스를 통해 이익을 발생시키는 회사(Investco)의 사업연도가 매년 4월 30일 종료되고 2018년 초에 포트폴리오에 대한 배당금을 수령하였다고 가정하자. Investco는 사업연도가 끝나는 2018년 4월 30일까지 모회사인 Holdco2에 배당함으로써 배당소득에 대한 과세를 피할 수 있다.

왜냐하면 앞서 설명한 바와 같이 자회사로부터의 배당소득은 모회사의 입장에서는 다시 주주에게 배당하여야 하는 소득이므로 일반적으로 과세에서 제외되고, 자회사의 입장에서는 과세연도가 끝나기 전에 배당을 하면 배당금으로 받은 소득을 주주에게 배당하지 않음으로써 발생되는 추가적인 세금을 회피할 수 있기 때문이다.

Holdco2는 사업연도가 매년 3월 31일에 끝나기 때문에 2019년 3월 31일까지 Holdco1에 배당을 지급함으로써 배당소득에 대한 과세를 피할 수 있다. Holdco1은 사업연도가 매년 2월 28일에 끝나기 때문에 다시 2020년 2월 28일까지 오너에게 배당을 지급함으로써 배당소득에 대한 과세를 피할 수 있다.

결과적으로 오너는 2018년 발생한 포트폴리오 배당소득을 2020년에 지급받게 되고, 정상적으로 2021년 5월 말까지 소득세를 신고납부하면 되는 것이다.

우리나라의 경우와 마찬가지로 이러한 과세이연이 가능한지는 각 나라에서도 법에 명문으로 특별히 규정하지는 않을 것이다. 그러나 필자는 이러한 목적으로 홀딩컴퍼니를 이용하고자 한다면 각 나라의 일반적인 조세회피를 방지하기 위한 세법조항을 검토하는 것이 우선되어야 한다고 본다. 필자의 경험으로 보면 어떠한 회사의 구조나 회사 간의 거래가 어떠한 나라에서는 정상적인 거래로 취급되는 반면, 어떤 나라의 경우에는 조세를 회피하는 목적으로 해석될 수도 있기 때문에 유의할 부분이다.

4. 관계회사의 설립(Creating Connected Corporations)

앞서 살펴본 바와 같이 관계회사(Connected corporations) 간에 지급되는 배당소득에 대해서는 많은 나라가 과세에서 제외하고 있다. 이러한 관계회사 간 배당지급에 대한 비과세는 두 개 이상의 비관계회사(Investco1, Investco2)의 주주가 비관계회사의 지분을 서로 교차해서 보유함으로써 관계회사의 요건을 충족하게 되고 결과적으로 비관계회사에 적용되는 배당소득에 대한 과세에서 자유로워지는 것이다.

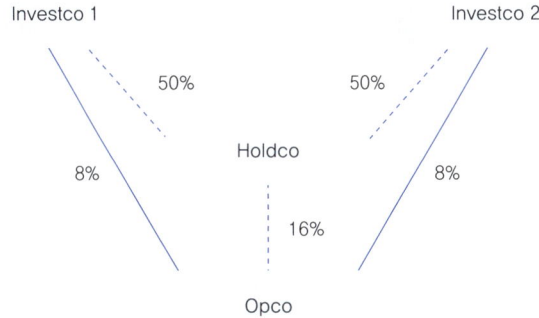

　일반적으로 홀딩컴퍼니(Holdco)는 Investco1과 Investco2의 지분을 50% 이상 보유함에 따라 관계회사로 분류된다. 또 홀딩컴퍼니의 자회사(Opco)는 Holdco와 관계회사이다. 왜냐하면 Holdco는 Opco가 발행한 보통주의 주식 중 10% 이상을 보유하기 때문이다.

　결과적으로 Opco는 Investco1, Investco2의 지분을 10% 미만 보유함으로써 직접적으로 관계회사에 해당하지는 않지만 모회사인 홀딩컴퍼니가 보유한 지분까지 고려하면 간접적으로는 관계회사가 되는 것이다. 따라서 Opco가 Investco1과 Investco2로부터 받는 배당소득에 대하여는 비과세하게 되는 것이다.

5. 배당금 분배의 유연성(Tax-free Distribution)

　만약 영업을 통해 이익을 발생시키는 회사(Operating corporation)가 둘 이상의 개인주주로 구성되어 있다면, 영업회사(Opco)가 그 개인 주주들에게 배당금 분배의 타이밍에 유연성을 부여함으로써 조세효과(Tax effectiveness)를 증가시키기 위하여 홀딩컴퍼니를 이용할 수 있다.

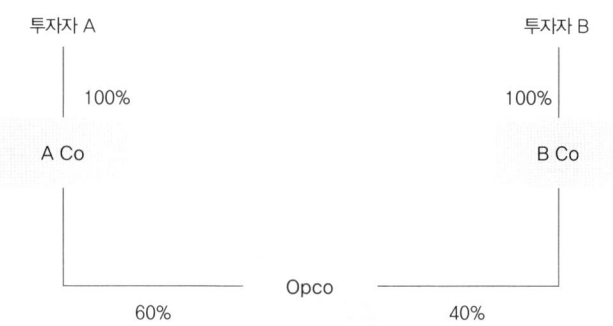

만약 특수관계자가 아닌 투자자 A와 투자자 B가 그들의 홀딩컴퍼니 A회사(A Co)와 B회사(B Co)를 통해 Opco의 지분을 60%와 40% 보유하고 있다고 가정하자. A Co와 B Co에 지급되는 배당금은 택스프리(Tax-free)이다. 왜냐하면 앞서 설명한 바와 같이 그 회사들은 Opco와 관계회사이기 때문이다.

이제 투자자 A와 투자자 B는 A회사와 B회사를 통해 배당금 지급의 시기를 컨트롤할 수 있을 것이다. 홀딩컴퍼니는 개인주주들이 100% 보유한 회사로서 개인주주 자신들이 Opco에서 받은 소득을 자신들에게 배당할 것인지 아니면 회사에 쌓아 둘 것인지 여부를 컨트롤할 수 있게 되는 것이다.

6. 자회사의 취득(Corporate Share Acquisitions)

홀딩컴퍼니는 자회사를 취득하는 데 필요한 자금을 파이낸싱하고 파이낸싱에 따른 이자비용을 그 자회가 발생시킨 수익에서 공제하게 함으로써 세금을 효율화하는 데 이용된다.

예를 들어, 홀딩컴퍼니(Holdco)가 영업회사(Opco)를 취득하기 위해서 금융회사로부터 자금을 차입하고 자회사를 취득한 후에 곧바로 자회사를 합병하거나 청산한다.

결과적으로 취득에 따른 금융채무와 영업회사(Opco) 영업수익은 같은 회사의 재무제표에 존재하게 되는 것이다. 즉, 금융비용이 홀딩컴퍼니에 귀속되는 것이 아니고 자회사에 귀속되어 소득에서 바로 공제되는 결과가 나오는 것이다.

이러한 일련의 과정은 금융회사와 홀딩컴퍼니 양쪽에 서로 효익을 가져다줄 수 있다. 자금을 대여한 금융회사에게는 자금회수에 대한 안정성을 부여함과 동시에 홀딩컴퍼니는 자회사 취득에 따른 금융비용을 자신의 소득에서가 아니라 자회사의 영업이익에서 공제할 수 있기 때문이다.

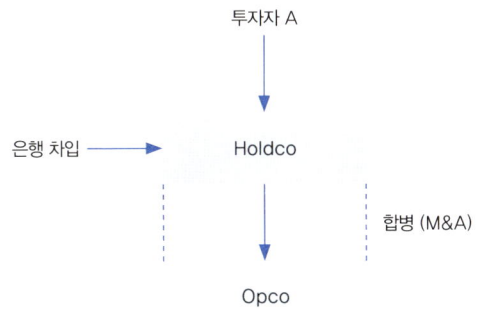

7. 해외 회사의 취득(Acquiring Foreign Corporation)

비거주자로서 해외의 비즈니스를 취득하기 위해 회사의 구조를 계획할 때에는 여러 가지의 조세 측면들과 비조세 측면들을 동시에 고려하여 최적의 구조를 선택하여야 한다. 만약 초기에 발생한 투자원금을 추가적인 조세의 부담 없이 가능한 한 빨리 회수하고자 하는 것이 목적이라면 홀딩컴퍼니가 이러한 목적에 부합할 수 있다.

외국에 존재하는 수익창출회사(Opco)를 $10million에 취득한다고 가정하자. 비거주자로서 개인투자자는 수익창출회사를 취득하기 위하여 그 국가에 자본금 $10million의 홀딩컴퍼니를 설립할 수 있다.

Opco가 영업을 통해 수익을 창출하고 회사 내에 잉여금이 증가하면 그 회사의 잉여금은 배당금의 형식으로 회사 간 비과세소득(Tax-Free Intercorporate Dvidend)으로 홀딩컴퍼니에 지급할 수 있다. 홀딩컴퍼니는 순차로 자본금을 비거주자에게 반환하게 된다. 이 경우 자본금의 반환은 배당이나 이자의 지급과 같이 외국의 조세를 원천징수하는 것이 아니라 투자된 자본금을 반환받는 것이므로 현지 국가의 조세를 납부할 필요가 없다.

홀딩컴퍼니를 이용한 기업구조는 얼마든지 위에 설명한 것 이외의 방법으로 이용될 수 있다. 홀딩컴퍼니를 어떻게 이용할 것인지는 회사마다 특수한 사정과 특수한 목적에 따라 달라질 수 있다. 위에서 소개한 사례를 통해 홀딩컴퍼니에 대한 이해를 넓힐 수 있는 계기가 되었길 바란다.

16

해외 파트너십을 이용한 투자

국제거래에서 파트너십의 중요성

파트너십은 미국 등 선진국에서 비지니스 형태로 매우 중요한 역할을 하였고 급속하게 변화하는 글로벌 시장경제에서 파트너십의 역할은 빠른 속도로 증가하고 있다.

이제 국제적인 투자 활동에서도 파트너십은 필요불가결한 선택 사항이 되었는데, 이는 개인 파트너에게 가해지는 책임(Liability)에 한도가 주어진다는게 중요한 역할을 한 것으로 보인다.

많은 선진국은 파트너에 대한 제한적인 책임(Limited liability)과 조세목적상 세금을 납부하는 주체가 아닌 다만 파트너십이 발생시킨 소득이나 손실을 그 파트너에게 통과만 시켜 주는(Pass-through) 파트너십 형태를 새롭게 채용함으로써 파트너십이 한 나라 내에서는 물론 국제거래에서도 매우 유용한 비지니스 형태가 된 것이다.

파트너십의 유용성

그러면 파트너십의 어떠한 점이 이렇듯 파트너십을 국제거래에서 유용한 비지니스 형태로 자리잡게 하였을까? 일반적으로 파트너십은 법률관계상 파트너와 구분되는 별개의 실체로 재산을 소유하고 부채를 조달하며 소송을 수행하는 등의 행위를 할 수 있다.

파트너 간의 동의에 의해서 자유롭게 설립할 수 있고 청산이 가능하다는 점은 아주 큰 매력이다. 이러한 파트너십의 내부적 관계는 사적계약에 의해 자율적으로 규율되고 소유와 경영의 일치에서 오는 상승효과를 최대한 얻을 수 있다.

파트너십 단계에서는 법인세가 부과되지 않고 파트너십이 벌어들인 소득에 대하여 파트너들이 소득세를 부담함으로써 법인 단계에서 발생하는 많은 의무와 복잡성을 해소할 수 있다는 점은 파트너십이 법인에 대하여 가지는 중요한 매력 포인트다.

파트너십의 성격

미국의 민법(Civil Laws)은 파트너십에 대하여 "둘 혹은 그 이상의 사람(Persons, 개인과 법률적인 단체를 포함하는 개념)이 협력 관계를 가지고 발생한 전체의 이익이나 손실을 나누어 가지기 위하여 하는 모든 계약"으로 정의하고 있다.

파트너십은 고유의 이름으로 제3자와 거래를 하고 비지니스를 할 수 있다. 그리고 고유의 이름으로 소송의 당사자가 되어 소송을 제기하거나 고유의 이름으로 자산을 보유하기도 한다.

이러한 속성은 법인을 상기시키지만 파트너십은 독립된 법률적 성격을 가지지 못하므로 여전히 파트너들의 집합체라고 볼 수 있다. 파트너들이 개인적으로 혹은 다른 파트너들과 연대하여 파트너십의 부채를 책임져야 하는 것은 이를 잘 설명해 준다. 전통적인 관점에서 본다면 어느 한 파트너의 사망은 파트너십의 중단을 의미하며, 이는 사업의 영속성을 표방하는 법인과 근본적인 차이가 있다.

파트너십, 법인인가 투명한 실체인가?

조세의 측면에서 바라본다면, 파트너십에 대하여 나라마다 두 가지의 극단적인 견해가 있다. 하나는 법인과 같은 유사성으로 인해 법인과 같이 취급하여 과세해야 한다는 입장이고, 다른 하나는 파트너십은 개인적인 파트너들이 그들의 소득을 발생시키는 도관에 불과하므로 (Pass-through) 조세목적상 존재하지 않는 것과 같다는 입장이다.

네덜란드에 있어서 파트너십은 투명(Transparant)하여 조세목적상 존재하지 않는 것과 같고, 파트너십의 유일한 목적은 각자 파트너에게 분배될 소득, 비용, 자산, 부채를 결정하는 것이므로 오직 파트너들만이 과세의 대상이 된다. 반면에 노르웨이와 같이 조세목적상 투명성을 극단적으로 제한하고 법인과 유사하게 취급하는 국가도 있다.

그러나 미국, 영국, 캐나다 등 대부분의 국가들은 이러한 극단적 두 견해의 중간 정도에 위치하고 있다. 미국의 경우 파트너십은 소득 등이 파트너로 통과되는 도관(Conduit)으로 취급되지만 조세 목적상으로는 여러 가지 보고의무와 감사의무를 부여하는 등 독립된 실체로 취급하는 것이 그것이다.

국제거래에 있어서 파트너십을 제외하고 기업의 구조(Structure)를 기획하기란 쉽지 않다. 그러나 그러한 파트너십의 성격에 대하여 나라마다 다른 견해를 가지고 있고 특히 조세의 관점에서 나라마다 특수한 룰을 적용하고 있어 구조를 기획하기 전에 여러 각도에서 충분히 현실성을 검토하는 것이 필요하다. 즉, 국제거래나 해외에 투자를 하는 데 있어 나라별로 파트너십의 특성을 철저히 파악하고 해외투자를 기획하는 것이 매우 중요하다.

다음에서는 대표적인 파트너십인 미국의 파트너십과 캐나다의 파트너십에 대하여 살펴봄으로써 독자 여러분의 외국 파트너십에 대한 이해를 돕고자 한다.

1. 미국의 파트너십

미국의 경우, 파트너십과 파트너에 대한 연방소득세의 과세는 IRS Code의 Subchapter K에 규정되어 있다. 미국에서 파트너십은 파트너십에서 발생한 소득의 금액과 성격 그리고 시기를 결정하고 세무보고와 감사보고 목적을 수행하기 위한 실체로 취급된다.

파트너십과 세금신고

따라서 파트너들에게 귀속될 소득이 사업소득인지, 배당소득인지 등 소득의 종류를 결정하는 것은 파트너십 단계이며 각자의 파트너는 그들에게 안분된 소득을 파트너십의 과세기간이 종료되는 해의 소득세로 보고하게 된다.

파트너십은 Informational tax return, 즉 Form 1065를 IRS에 매년 제출하여 총소득(Gross Income)과 총비용(Gross Deduction)을 보고하고, 파트너들은 파트너십에서 분류한 소득의 종류와 자신에게 배분된 금액을 자신의 다른 소득과 합산하여 개인소득세를 보고한다(Form 8082). 이때 국세청의 세무조사와 조세환급 등은 파트너십의 단계에서 행해진다.

외국인 파트너

파트너십이 미국 내 파트너십에 소득을 분배하는 경우는 비록 그 파트너십에 외국인이 포함되어 있다고 하더라도 조세를 원천징수하지 않는다. 그러나 외국인 파트너에게 지급되는 소득은 원천세를 징수한다.

외국의 파트너십에게 소득을 지급하는 경우는 조금 더 복잡한데, 일반적으로 외국의 파트너십에게 지급하는 소득은 그 파트너들에게 직접 지급한 것으로 취급한다. 만약에 파트너가 파트너십으로 구성되었을 경우, 조세목적상 더 이상 파트너십이 존재하지 않을 때까지 추적하여 그 파트너가 거주하는 국가와의 조세조약을 적용하게 된다. 즉, 최종적인 개인이나 법인이 거주하는 국가와의 조세조약을 적용하는 것이다.

미국의 파트너십은 외국의 파트너에게 지급되는 소득에 대하여 최고의 세율로 원천징수하며, 외국인 파트너는 미국 세법상 신고할 의무가 있고 이때 미국의 파트너십이 이미 원천징수한 조세를 공제(Credit)하여 신고하면 된다. 이러한 파트너십의 원천징수 의무는 실제로 파트너에게 소득을 지급하였는지를 불문하고 부과되게 된다.

법인투자 or 파트너십투자?

외국인 투자자가 미국에 투자할 경우 파트너십에 투자하는지 혹은 법인에 투자하는지에 따라 세금 측면에서 상당한 차이를 보인다.

예를 들어, 미국 내 법인이 미국 거주자와 비거주자에 의해 소유되고 있다면 그 법인은 세계적으로 발생한 소득(Worldwide income)에 대하여 과세가 된다.

반면에 미국 파트너십의 파트너가 미국 거주자와 비거주자로 구성될 경우, 미국 거주자인 파트너는 파트너십의 전 세계 소득에 대한 그의 분배금만큼 신고할 의무가 있고, 비거주자인 파트너는 파트너십의 소득 중 오직 미국에서 발생한(US sources) 소득에 대해서 그에 대한 지분만큼만 소득에 포함하여 신고하면 되는 것이다.

여기에서 미국(Domestic) 파트너십이란 "미국에서 혹은 미국 연방이나 주의 법에 의하여 설립된 파트너십"을 말하며, 파트너십이 이러한 요건을 충족하지 않으면 외국 파트너십으로 간주하게 된다. 그러나 파트너십은 세금 측면에서 독립된 실체가 아니므로 파트너십이 미국 파트너십인지 외국 파트너십인지의 여부는 그다지 중요하지 않다.

2. 캐나다의 파트너십

일반적으로 파트너십이란 이익을 발생시키기 위하여 둘 혹은 그 이상의 사람(Persons)이 비지니스를 영위하는 경우 그들 간에 생성된 관계를 의미한다. 여기서 사람이란 개인, 법인 그리고 파트너십을 모두 포함한다.

파트너십 지분(Interest)

캐나다의 파트너십은 미국의 파트너십과 마찬가지로 그 소득에 대하여 조세를 부담하지 않는다. 파트너십에서 발생한 소득이나 손실은 파트너십 계약에 의한 지분(Interest) 비율대로 파트너들이 나누어 가진다. 파트너십에서 지분(Interest)을 가지고 있다는 것은 자산(Capital Property)을 보유하고 있다는 의미로서 이것을 처분하게 되면 양도소득(Capital Gain)이나 양도손실(Capital Loss)이 발생된다.

처분은 다른 사람에게 지분을 팔거나 파트너십에서 그 지분을 인수하는 방식으로 하게 되는데, 다른 사람에게 처분하는 경우 다른 자산을 처분한 것과 같이 즉시 양도소득이나 양도손실이 발생된다. 파트너십이 파트너의 지분을 인수하면서 그 지분에 상당하는 전체 금액을 지급하지 않는 경우에는 그 지급되지 않은 지분만큼은 잔여지분으로서 양도소득을 장래로 이연할 수 있다.

만약, 파트너가 사임하거나 사망할 경우 파트너십은 파트너의 파트너십에 대한 장래의 소득에 대하여 그 파트너의 지분만큼을 매년 연금의 성격으로 지불할 수도 있다. 이러한 성격의 소득은 파트너의 사업소득을 구성하게 된다.

파트너십이 해산되고 파트너십의 자산이 파트너들에게 분배되는 경우에는, 시장가격(Fair Market Value)으로 파트너에게 분배한 것으로 보아 납부할 세금을 계산하게 된다.

리미티드파트너십(Limited Partnership)

리미티드파트너십(LP)은 일반적인 파트너십의 장점과 법인의 장점을 결합한 형태이다. 그래서 파트너들의 책임한계(Liability)는 일반적인 파트너십 파트너들의 책임한계와 다르다. 리미티드에서 추측해 볼 수 있듯이 파트너들의 책임한계는 각 파트너가 기여한 금액(Capital Contribution)을 한도로 한다.

LP는 제너럴파트너(General Partner)와 리미티드파트너(Limited Partner)로 구성되는데, 제너럴파트너는 일반적인 파트너십의 파트너와 똑같이 경영에 종사하고 여러 가지 책임을 지게 된다. 그러나 리미티드파트너는 경영에 참여할 수 없고 책임도 제한적이다.

이러한 형태의 파트너십은 일반적인 파트너십의 파트너들에게 부여되는 조세상 장점에 더해 일정 한도 이상의 책임으로부터 투자자를 보호할 수 있다는 장점이 있다. 그러나 이러한 장점은 역으로 LP를 사업의 파트너로서 꺼리게 되는 이유로 작용하기도 한다.

리미티드라이어빌리티파트너십(Limited Liability Partnership)

리미티드라이어빌리티파트너십(LLP)은 비교적 새로운 그리고 수정된 형태의 파트너십이다. LLP는 LP가 가진 책임 한계의 장점 외에

LLP의 멤버는 다른 멤버의 행위에 대하여 자신을 개인적인 위험에 노출시키지 않으면서도 파트너십 내에서는 능동적인 역할을 수행할 수 있는 형태이다.

따라서, LLP는 주로 전문직 종사자로 구성된 회사들이 이용하는 파트너십 형태로 그 특성상 특별히 법에 의한 요건을 갖추어야 설립이 가능하다.

인포메이션리턴(Annual Information Return)

파트너십은 소득세 신고의무가 없고 소득세 납부의무 또한 없다. 그러나 몇 가지 파트너십은 매년 인포메이션리턴(Annual Information Return)을 제출하여야 한다. 소득이나 비용이 2백만 달러를 초과하거나 자산이 5백만 달러를 초과하는 파트너십이 이에 해당한다. 그리고 파트너십의 멤버가 법인이나 트러스트를 포함하고 있는 경우에도 신고를 하여야 한다.

외국인 파트너

만약 파트너십이 외국의 파트너십인 파트너에게 소득을 분배하는 때에는 외국의 파트너십의 파트너들이 소득의 실제 소유자(Beneficial Owner)로서 조세조약의 혜택을 누릴 수 있다.

이 경우 캐나다 파트너십은 조세조약에 정한 세율만큼을 원천징수하게 된다. 만약에 파트너의 실체(Identity)가 밝혀지지 않을 경우에는 우선 25%의 세율로 원천징수를 하고 나중에 조세조약의 혜택을 주장하는 사람이 파트너를 대신하여 환급을 신청하는 경우에 차액을 내어주게 된다.

　소득을 지급하는 파트너십의 입장에서 간혹 파트너가 캐나다의 거주자인지 비거주자인지 충분한 정보를 가지고 있지 않는 경우가 발생할 수 있다. 왜냐하면 거주자의 판단은 무 자르듯이 명쾌하게 결정되지 않는 경우가 더러 발생하기 때문이다.

　이런 경우에 파트너십은 우선 원천징수를 하게 되고, 파트너가 원천징수된 세금을 환급받을 수 있는 유일한 수단은 캐나다에 소득세 신고를 하는 것으로서 신고를 통해 정산하게 된다. 이런 경우 외국의 파트너십인 파트너들은 이러한 절차를 실행하지 않는 경우가 더러 발생한다.

　캐나다의 국세청(CRA)은 파트너십 계약의 중요 목적이 세금을 회피하는 것이거나, 특수관계에 놓인 파트너들 간의 지분계약(Sharing Arrangement)이 합리적이지 않다고 판단되면 소득이나 손실을 실질에 맞게 다시 배분하기도 한다. 이 경우 조세회피 일반규정(GAAR)이 조세 효과를 부인하는 규정으로서 자주 인용되기도 한다.

　이 장에서는 국제거래에서 왜 파트너십의 역할이 중요한지 그리고 파트너십을 조세 측면에서 어떻게 바라보는지 각자 다른 두 개의 시각에서 살펴보았다. 또한 대표적인 파트너십제도인 미국의 파트너십과 캐나다의 파트너십을 살펴봄으로써 독자 여러분이 파트너십에 대한 전반적인 이해의 폭을 넓히는 계기가 되었길 바란다.

　다음 장에서는 실제로 외국의 기업들은 이러한 파트너십을 어떻게 그들의 비지니스에 활용하고 있는지 구체적인 사례를 통해 알아보고자 한다.

17

파트너십과 택스플래닝

파트너십과 불확실성

파트너십이 법인에 비해 매우 훌륭한 활용 가능성과 다양한 종류의 택스플래닝(Tax Planning)의 기회를 제공하지만, 전 세계적으로는 여전히 국제적으로 활동하는 파트너십의 과세에 대한 불확실성이 존재한다.

그 불확실성의 가장 중심은 다른 나라에 설립된 다양한 형태의 파트너십을 조세의 목적상 어떠한 회사 형태로 취급할 것인지와 이러한 파트너십에 조세조약을 적용하여 조세조약의 혜택을 부여할 것인가의 문제이다.

조세조약을 체결한 두 나라 간에 조세 목적상으로 같은 파트너십을 다르게 취급하는 경우 매우 복잡한 문제로 발전할 수 있다. 만약

한 나라에서는 파트너십을 법인과 같은 독립된 형태(Separate taxable entities)로 인식하고 다른 나라에서는 파트너십을 파트너의 집합체로서 모든 수익과 비용이 단순히 통과만 하는 투명한 (Transparent) 실체로 간주한다면 파트너십 구분에 있어서 서로 간의 충돌이 불가피해진다. 이를 전문용어로 '파트너십 구분의 충돌(Classification Conflict)'이라고 한다.

이는 결과적으로 조세조약의 당사자인 두 나라에서 같은 소득에 대하여 함께 과세하는 이중과세(Double taxation) 혹은 어느 나라에서도 과세를 하지 않는 이중비과세(Double non-taxation)로 이어진다.

다른 나라의 파트너십을 어떻게 볼 것인가?

OECD는 1993년부터 이러한 문제점에 대해 인식하고 이 문제만을 전문적으로 연구하는 분과(Working group)를 따로 구성하여 이 문제에 대처하려고 노력하고 있다.

대부분의 OECD 회원국은 파트너십에 대하여 특정한 정의를 내리지 않고 있다. 따라서 다른 나라에 설립된 파트너십을 어떠한 형태의 회사로 취급할지는, 각 나라의 국내법 등을 기초로 다른 나라의 파트너십의 성격이 있는 국내의 회사 형태를 찾아서 그에 맞는 조세규정을 적용하는 것이 일반적이다. 다시 말해, 외국에 소재하는 회사(Entity)가 국내에서 소득을 발생시키는 경우 그 회사는 국내의 법을 근거로 파트너십인지 아니면 법인인지 여부가 구분된다는 것이다.

예를 들어, 우리나라는 조세목적상 영업실체를 법인, 개인, 동업

기업, 공동사업으로 구분하고 서로 다른 세법이나 규정을 적용하여 과세한다. 이 경우 우리나라 국세청은 외국의 파트너십을 이들 4개의 구분 중에 하나로 규정하고 우리나라의 조세법을 적용할 것이다. 이런 식으로 각 나라는 외국의 회사(Entity)를 그 설립 근거가 된 외국 법률이 규정하는 그 회사의 법률적 특성을 바탕으로 각 나라의 국내법을 적용하여 그 회사를 구분하는 것이다.

파트너십은 간단한 합의에 의해 발생할 수 있고 심지어 구두합의에 의해서도 발생할 수 있다. 대부분의 국가에서는 법률에 파트너십에 대한 정의를 두지 않는 경우가 많고, 따라서 파트너십의 정확한 법률적 성격을 알고자 한다면 그 국가의 민법과 일반법 등을 참고하여야 하는 경우가 많다.

1. OECD 국가의 파트너십에 대한 다른 견해

파트너십이 법률에 의하여 법적인 사람(Legal Person)의 지위를 부여받는 경우도 있는데, 이는 덴마크의 Limited Partnership(K/S), 독일의 Limited Partnership(KG), 스웨덴의 General Partnership(HG) 등이 있다. 파트너십이 법적인 사람(Legal Person)이 된다고 하는 것은 이탈리아나 독일과 같이 파트너십이 파트너의 변동에 상관없이 존속하는 것으로 이해하면 쉽다.

파트너십이 법적인 사람의 지위를 가지는 것과 별개로, 조세목적상 파트너십이 어떻게 취급되는지를 파악하는 것은 해외투자를 위한 투자구조를 계획하는 단계에서 아주 중요하다. 왜냐하면 파트너십이 법인으로 취급되는지 아니면 단순히 도관으로 취급되는지에 따라 각 나라에서 준수하여야 하는 의무, 소득의 종류, 납부할 세금 등에서 많은 차이를 나타내기 때문이다.

투명실체로 취급(Taxed as a transparent entity)

파트너십은 투명한 실체로 취급되는 경우 파트너십 단계에서 조세가 부과되는 것이 아니라, 파트너십은 단순히 소득과 비용을 파트너에게 통과시키는 도관(Conduit)에 불과하고 최종적으로 파트너 단계에서 조세를 부담하게 된다. 호주, 영국, 캐나다, 덴마크의 제너럴파트너십(General Partnership), 독일, 덴마크, 룩셈부르크의 리미티드파트너십(Limited Partnership) 등 많은 경우가 여기에 해당한다.

법인으로 취급(Taxed on a non-transparent basis)

파트너십 자체를 법인과 같이 조세를 납부하는 실체로 보고 조세 부담을 지우는 것이다. 호주의 Corporate Limited Partnership, 캐나다의 Limited Liability Company, 벨기에의 General Partnership(VOF), 네덜란드의 Limited Partnership(CV) 등이 여기에 해당한다.

미국의 경우에는 Check-the-box Rule(Entity Classification Election 8832 Form)에 의해 법인으로 취급받기를 신청한 파트너십 등이 여기에 해당한다.

2. 다른 나라 파트너십의 구분

먼저 외국 파트너십의 법률적 특성을 관찰하여 자국의 회사 중 가장 유사한 형태를 찾고 자국에서 그 회사를 취급하는 방식으로 그 외국 파트너십을 취급하는 것이다.

예를 들면, 독일의 리미티드파트너십인 KG는 덴마크의 투명한 회사 형태인 Danish K/S와 가장 유사하므로 덴마크는 독일의 KG를 투명한 기업 실체로 취급한다. 이러한 방법은 가장 보편적으로 이루어지는 방식이다.

OECD 역시 파트너십의 거주지국이 파트터십 그 자체를 어떤 납세의무자로 취급하는지를 바탕으로 파트너십을 별개의 납세의무자로 볼 것인지 여부를 결정하도록 권고하고 있다.

미국의 경우는 사업자 등록 시 Check-the Box Election에 의해 Corporation, Partnership, Disregarded Entity 중 자신에게 적합한 형태를 택하여 신고(form8832)하도록 하고 있으며, 미신고 시에는 기업 형태를 파트너십으로 보도록 하고 있다. 이때 그 멤버(Member)가 2인 이상인 경우 파트너십으로 취급하지만, 1인 소유이고 기업체와 소유주를 분리할 수 없을 때는 개인(Disregarded Entity)으로 취급하도록 하고 있다.

3. 파트너십을 활용한 다양한 사례

다양한 사례를 통해 한 나라의 파트너십이 다른 나라에서 어떠한 회사 형태로 인식되는지와 외국의 회사들은 파트너십을 어떻게 활용하고 있는지를 알아보자.

사례 1 : 파트너십

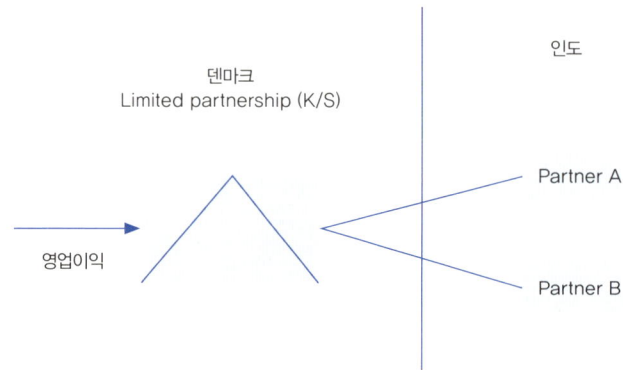

덴마크에 설립된 리미티드파트너십(Limited Partnership)인 K/S는 덴마크에서는 투명한 실체로 간주하지만 파트너 A, B의 거주지국인 인도에서는 외국의 모든 법률적인 실체를 법인으로 취급한다.

따라서 덴마크에서는 파트너십의 사업소득에 대하여 파트너십 단계에서는 과세하지 않게 된다. 인도에서는 덴마크의 파트너십을 법인으로 간주하므로 인도의 거주자가 덴마크의 파트너십에서 받은 소득에 대하여 인도의 국세청은 법인에게서 받은 배당소득으로 보고 과세하는 것이다.

사례 2: 리미티드라이어빌리티파트너십(Limited Liability Partnership)

다음의 구조는 대출에 대한 이자비용을 발생시키는 LLP를 기반으로 만들어진 것이다.

호주 소재 회사인 LLP는 제3국에 소재한 이익 발생회사인 OpCo에 금융회사로부터 차입한 자금을 자본금으로 출자하여 연결회사를 이루고 있다. 호주에서 LLP(Limited Liability Partnership)는 법인으로 간주되어 조세를 부담하는 기업 형태에 해당하고, 따라서 LLP가 부담하는 이자비용은 호주에서 비용공제가 가능하다.

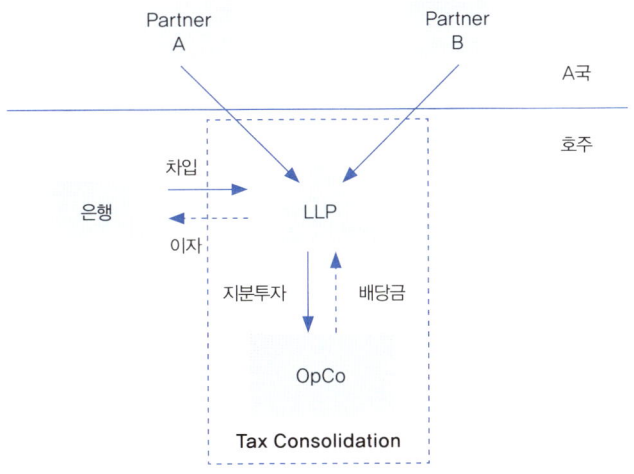

반면에 파트너 A와 B가 거주하는 A국에서는 LLP를 투명한 실체로 간주한다고 가정하면 파트너 A, B가 LLP로부터 분배받은 소득과 비

용은 파트너 A와 B에 귀속된다.

LLP가 매년 금융비용의 발생에 따른 손실만을 발생시키는 회사라면 이러한 손실은 파트너 A, B에게 고스란히 귀속되어 파트너의 다른 소득에서 공제됨으로써 파트너들의 조세를 줄이는 효과가 있다.

동시에 호주는 연결회사(Tax Consolidation) 간에 이자비용의 공제를 허용하고 있으므로 그 금융비용은 LLP의 관계회사인 OpCo의 소득에서 차감되어 그룹 전체적으로 조세절감의 효과를 보게 된다.

결과적으로 동일한 금융비용에 대하여 파트너와 파트너십이 동시에 공제혜택을 받는 것이다. 이러한 구조는 비용의 이중공제로 인해 조세조약의 본 의도와 일치되지 않을 수 있다. 따라서 사전에 양 국가의 조세회피일반규정(GAAR)에 위배되는지를 검토하는 것이 필요하다.

사례 3: 하이브리드 시큐리티(Hybrids Securities)

파트너십과 같이 법인의 성격과 투명실체의 성격이 혼성된 형태의 회사를 '하이브리드엔터티(Hybrid Entities)'라고 한다. 이와 비슷하게 지분(Equity)의 속성과 채무(Borrowing)의 속성을 혼성하여 가지고 있는 증권을 '하이브리드시큐리티(Hybrids Securities)'라고 한다.

다음에서는 하이브리드시큐리티가 조세시스템이 다른 두 나라 간의 국제거래에서 어떻게 취급되는지를 살펴보자. 이것은 투자자의 국제거래에 대한 이해의 폭을 넓혀 주는 기회가 될 것이다.

하이브리드시큐리티는 회사의 지분(Equity)을 나타내는 증권의 속성과 채무(Borrowing)를 나타내는 증권의 속성을 동시에 가지고 있기 때문에 하이브리드시큐리티를 보는 시각은 계약을 어떻게 해석하는지에 따라 혹은 국가마다 상황에 따라 다를 수 있다.

문제는 조세당국에서 이러한 거래를 지분의 투자로 볼 것인지, 단순한 대여로 볼 것인지에 따라 양국에서 모두 과세가 되지 않는 경우가 발생할 수 있는 것이다.

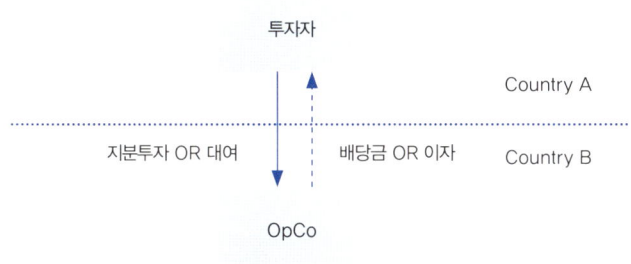

하이브리드시큐리티를 A 국가에서는 지분증권(Equity)으로 보고 B 국가에서는 채무증권(Borrowing)으로 보는 경우가 있을 수 있다. 동시에 A 국가에서는 하이브리드시큐리티에서 발생하는 배당소득을 과세하지 않고(Exempt dividends), B 국가에서는 동 채무증권의 이자비용을 법인세 신고 시 공제가 가능하다고 가정하자.

결과적으로 B 국가에서는 A 국가에 거주하는 투자자에게 지급한 소득을 이자의 성격으로 보고 있으므로 이자비용으로서 법인의 소득을 줄이는 효과가 있다. A 국가에서는 하이브리드시큐리티를 지분의 투자로 보지만 국내법에 의해 하이브리드시큐리티의 배당에 대한 소득은 과세를 제외한다. 즉, 어느 국가에서도 동 소득에 대하여 과세되지 않는 결과가 발생하는 것이다.

사례 4 : 트리티쇼핑(Treaty Shopping)

다음은 트리티쇼핑(Treaty Shopping)에 대하여 예를 들어 설명하고자 한다. 이미 미국 등 여러 선진국들은 이러한 트리티쇼핑이 조세조약을 이용하여 정상적으로 납부하여야 할 세금을 제대로 내지 않도록 기획된 일종의 조세조약의 남용거래로 규정짓고, 이를 방지하기 위해 국내법에 여러 가지 방지조항을 도입하고 있다.

트리티쇼핑의 어떠한 특성이 미국 등 선진국이 조세조약의 남용이라고 결론짓도록 만드는지, 나아가 여러 나라 간에 체결된 조세조약이 어떠한 방법으로 작동되는지를 다음 사례를 통해서 설명하고자 한다.

조세조약을 이용해 세금을 회피하는 것과 선의의 경제실질에 따른 기업구조의 선택이라는, 그러나 경우에 따라서 명백하게 다른 결과를 가져올 수도 있고 그 사이에 무수히 많은 변형된 사례가 존재할 수도 있는 전형적인 트리티쇼핑(Treaty Shopping)의 사례를 소개하고자 한다.

실제로 사업을 하지 않고 조세조약을 이용하기 위한 목적으로 설립한 페이퍼컴퍼니를 통한 전형적인 트리티쇼핑(Treaty Shopping)은 다음과 같다.

홀딩컴퍼니 R Co.는 R 국가에서 조직되었고, R 국가는 S 국가와 P 국가 모두와 조세조약을 통해 상호 호혜적인 조세를 유지하고 있다. S 국가에는 홀딩컴퍼니 R Co.의 자회사인 S Co.가 있고 P국에는 홀딩컴퍼니 R Co.의 모회사인 P Co.가 존재한다.

홀딩컴퍼니 R Co.는 전형적으로 모회사인 P Co.에 의해서 컨트

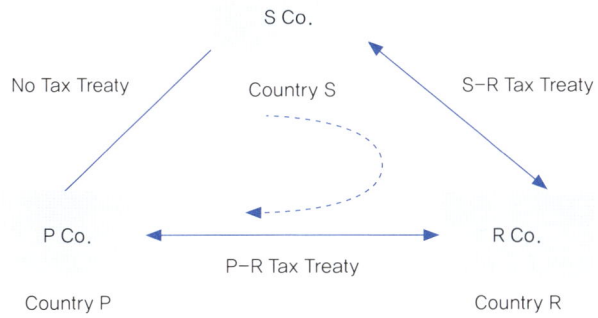

롤되고 있으며, 자회사인 S Co.는 홀딩컴퍼니 R Co.에 의해서 컨트롤되고 있다. 만약 자회사 S Co.의 소득이 직접적으로 모회사인 P Co.에 지급되면 이는 S국가에서 원천징수된다. 왜냐하면 S국과 P국은 조세조약이 체결되어 있지 않기 때문이다.

그러나 만약 P Co.에 지급되는 소득이 R국을 통하게 되면 호혜적인 조세조약에 의하여 조세가 현저하게 줄어들 수 있다. 즉, 자회사인 S Co.가 홀딩컴퍼니인 R Co.에게 지급하는 소득은 조세조약에 의해 원천징수되지 않거나 저율로 원천징수된다. 다시 홀딩컴퍼니인 R Co.에서 모회사인 P Co.로 지급되는 소득 역시 조세조약에 의해 원천징수되지 않거나 저율로 원천징수된다. 그러므로 조세조약을 이용하여 세금을 줄이는 이른바 트리티쇼핑(Treaty Shopping)이 가능해지는 것이다.

트리티쇼핑은 다음과 같은 상황에서 발생할 수 있다. 자회사 S Co.에서 발생한 소득의 수익적소유자(Beneficial Owner)인 모회사 P Co.가 홀딩컴퍼니가 설립된 나라인 R 국가에 거주하지 않는 경우 또는 트리티쇼핑(Treaty Shopping) 하는 자회사 S Co.와 수익적소유자인 P Co.의 중간에 위치한 홀딩컴퍼니 R Co.가 R국가에 최소한의 경제적 활동(Economic activity)을 수행하지 않는 경우 혹은 트리티쇼핑(Treaty Shopping)하는 자회사 S Co.와 수익적소유자 P Co.의 중간에 위치한 홀딩컴퍼니 R Co.가 소재한 R 국가에서 P Co.에 지급된 소득에 대하여 조세를 부과하지 않거나 최소한의 조세만을 부과하는 경우이다.

이러한 전형적인 구조에서 변형된 많은 유형들이 얼마든지 있을 수 있다. 예를들어 세 개 이상의 조세조약을 이용하는 경우와 자금을 여러 국가를 이용해 이동하는 경우 등이다. 이 경우 자금의 성격이 변화할 수도 있다. 예를 들면 배당소득이 이자소득으로 변화하는 형식이다. 그러나 앞에서 언급하였듯이 이러한 구조는 많은 종류의 변형된 트리티쇼핑(Treaty Shopping)의 한 종류일 뿐이다.

트리티쇼핑(Treaty Shopping)의 구조는 많은 인위적인 방법으로 변형될 수 있다. 중간에 위치한 회사는 완전히 조세조약을 이용하기 위해서만 존재할 수도 있고, 최소한의 경제적인 실질을 갖추고 있을 수도 있으며, 조세조약을 이용하기 위한 의도와는 구분된 선의의 경제적 필요에 의해 존재(A bona fide commercial nature)할 수도 있다.

필자의 경험에 의하면, 많은 회사들이 단순히 조세조약을 이용하여 세금을 적게 내기 위해서만 이러한 구조를 기획하지 않는다는 것이다. 어떤 회사는 R&D 비지니스에 적합한 호혜적인 국가를 찾아서, 어떤 회사는 미국 등 경제대국 인접국가에서 제공되는 물류 인프라를 이용하기 위해서, 어떤 회사는 EU 경제권 진출을 위한 전초기지로서, 어떤 회사는 좀 더 자유로운 자금의 이동을 위해서 등…

누군가 완전히 조세를 회피하기 위해 조세조약을 이용하는 것과 조세조약 남용과는 구분된 선의의 경제적 필요에 의한 기업구조를 구별할 수 있을지도 모르겠다. 그러나 국세청에서 이러한 업무를 하였던 필자의 입장에서 이는 사실상 매우 어려운 작업이다.

그리고 이러한 구별은 각 나라의 택스플래닝을 바라보는 시각에 따라 달라질 수 있다. 해외 자본에 의한 경제 의존도가 작고 덜 개방적인 경제의식을 가진 나라에게서는 정상적인 택스플래닝이 조세조약의 남용으로 인식되어 더욱 엄격한 잣대를 적용할 가능성이 크다. 반면에 다국적기업의 해외진출이 많아 해외자본에 대하여 개방적인 나라에서는 택스플래닝을 회사가 이윤을 추구하는 정상적인 과정으로 인식할 가능성이 크다.

일반적으로 조세조약 남용에 대한 분쟁이나 국제소송의 경우 대부분 아주 미세한 차이에 대한 분쟁이나 이견에서 발생하는 경우가 많다. 분쟁이 되는 금액이 크면 클 수록 더욱 더 그 차이는 좁혀진다. 왜냐하면 다국적기업이나 다국적펀드가 그 투자구조를 기획하고 어느 국가에 진출하기 위해서는 많은 전문가들이 여러 가지 측면에서 충분히 검토한 이후에 실행에 이르는 것이 일반적이기 때문이다.

OECD 모델이나 그 모델의 적용기준이 되는 해석(Commentaries) 조차도 이러한 혼란을 명확히 줄이는 데 효과적이지 않다. 정확히 말하자면 그들이 이러한 혼란을 야기하는 측면도 있어 보인다. 이러한 상황은 분명히 각국의 조세당국이 무엇이 조세조약의 남용이고 무엇이 정당한 택스플래닝인지 결정하는 데 있어서 자유재량을 부여하는 것으로 볼 수도 있다.

　이 장에는 약간의 전문적인 내용이 포함되어 있다. 따라서 독자에 따라서 이해가 어려운 부분이 있을지도 모르겠다. 필자가 이 장을 기획한 의도는 독자 여러분들이 이 장을 통해서 개별 투자자로서 국가 간에 조세조약이 어떠한 원리로 작동되는지 그 매커니즘을 이해하고, 나아가 어떠한 국제거래가 경우에 따라서는 나라마다 다른 기준에 의해서 해석될 수 있다는 것을 새롭게 인식하는 계기가 되기를 바라기 때문이다.

18

사례로 본
국제조세

 이번 장에서는 국제거래의 사례를 소개하고자 한다. 여기에 소개되는 사례는 행정소송 등 조세불복이 제기된 것 중 법원 등의 판결이 이루어진 것과 국세청의 사전답변 중 독자들에게 유용한 국제거래의 사례를 선별하여 재구성한 것으로 독자들은 이 사례들을 통해 생생한 실제 국제거래의 무대로 안내될 것이다.

 독자 여러분은 이러한 사례를 통해 실제 어떠한 국제거래가 과세의 요건을 충족하여 국세청으로부터 과세되는지, 그러한 국제거래에 대하여 과세하는 국세청의 논리는 무엇인지, 그리고 조세심판원이나 법원은 그러한 국세청의 결정을 어떤 시각으로 바라보는지를 살펴볼 것이다.

 복잡한 법률 내용을 과감히 제외하고 최대한 쉽게 그리고 독자들이 반드시 이해해야 하는 논리 위주로 구성하였다. 이 마지막 장을 통해 독자들은 앞에서 살펴본 내용을 바탕으로 국제거래에 대한 전체 흐름을 이해하고 국제투자에 있어서 큰 그림을 그릴 수 있길 기대한다.

1. 해외투자 자금에 대한 이전가격과세

국내의 회사인 (주)글로벌은 경영자문 서비스를 주로하는 회사로서, 호주 시드니에 자본금 $1의 현지법인 Bondi Hotel을 설립하였다.

설립 다음 해에 (주)글로벌은 Bondi Hotel에 $3,000,000을 추가로 출자하고, Bondi Hotel은 자본금 $3,000,000 전액을 휴양시설 개발사인 Bondi Dev에 출자하여 Bondi Dev의 지분 50%를 보유하게 되었다.

국세청은 (주)글로벌에 대한 조사를 통해 Bondi Hotel로 출자한 금액 $3,000,000을 (주)글로벌의 특수한 관계에 있는 회사인 Bondi

Dev 자금을 무상대여한 것으로 판단하고, 대여이자에 대한 정상가격과의 차이를 이전가격으로 보아 법인세를 과세하였다.

그러나 (주)글로벌은 국세청의 법인세 과세에 대하여 이의를 제기하여 부과된 법인세를 취소하여 줄 것을 청구하였다. (주)글로벌의 주장에 의하면, 호주의 제도는 외국인 투자지분이 50% 이하인 회사에만 관광지구개발권을 부여하기 때문에 (주)글로벌의 현지법인 Bondi Hotel은 그 조건을 맞추기 위해서 Bondi Dev에 50%를 재투자하였던 것이다. 따라서 (주)글로벌이 Bondi Dev에 자금을 대여한 것으로 보아 이자소득을 과세하는 것은 부당하다는 것이었다.

이에 대하여 국세청은 Bondi Hotel은 자본금이 $1에 불과하고 사업실적이 전혀 없기 때문에 Bondi Dev에 자금을 대여하기 위한 목적으로 설립된 위장 현지법인에 해당하고, (주)글로벌이 Bondi Hotel에 송금한 $3,000,000은 실질적으로 특수관계자에 해당하는 Bondi Dev에 자금을 무상으로 대여한 것이나 마찬가지이므로 이자소득에 대하여 과세한 것은 정당하다고 결정하였다.

위의 사례의 핵심은 국세청이 현지법인인 Bondi Hotel의 존재를 부정하고 (주)글로벌이 직접 손자회사인 Bondi Dev에 자금을 대여한 것으로 보아 이자소득을 과세한 것이다.

이 건은 필자의 의견으로는 국세청이 상당히 엄격하고 파격적인 과세를 한 것으로 보인다. 사실 공개된 자료만으로는 어떠한 이유로 국세청이 호주의 상법(Corporations Law)에 의하여 정상적으로 설립된 Bondi Hotel의 법인격을 부정하였는지는 알 수 없다. 그리고 어떠한 이유에서 호주의 상법에 의하여 Bondi Hotel에서 Bondi Dev에 출자한 자본금 $3,000,000의 성격을 자금대여로 재분류하였는지는 명확하지 않다.

그러나 중요한 것은 국제거래에서 거래의 형식에 불구하고 그 실질 내용에 따라 과세가 이루어진다는 것이다. 이러한 것을 '실질과세'라고 한다. 이러한 실질과세는 개인이나 회사에 모두 적용되는 세금 부과의 기본원칙으로 국제거래를 계획하는 투자자라면 반드시 이해가 필요한 부분이다.

2. 배당소득의 수익적소유자

국내 회사인 ㈜글로벌은 네덜란드에 있는 모회사인 LEOVEN B.V.에 배당금을 지급하면서 배당소득에 대한 법인세를 원천징수하였다. ㈜글로벌은 원천징수할 때에 한국-네덜란드의 조세조약에 규정된 배당소득에 대한 제한세율인 10%를 적용하여 세금을 대신 납부하였다.

여기서 제한세율이란 조세조약을 맺은 나라들끼리 협의하여 정한 최고세율로, 자기 나라 거주자가 다른 나라에서 벌어들인 소득에 대하여 다른 나라가 그 나라의 세법에 의하여 과세를 하더라도 이 세율은 넘지 말 것을 서로 간에 정한 세율을 말한다.

국세청은 ㈜글로벌에 대한 조사를 통해 LEOVEN B.V.에 지급한 배당금은 LEOVEN B.V.가 실제 배당금의 수익적소유자(Beneficial Owner)가 아니므로 한국-네덜란드 조세조약을 적용하지 않았다.

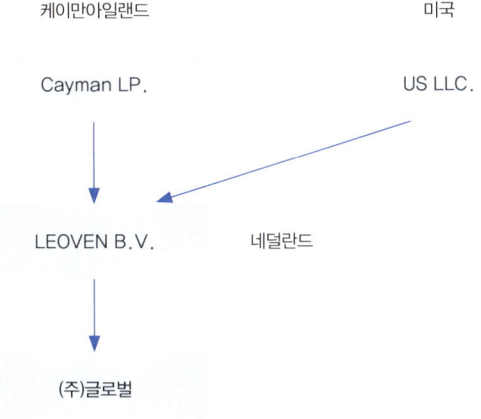

　대신, 수익적소유자로 조사된 케이만아일랜드 회사 Cayman LP.의 파트너들에 대하여 그 나라와 체결된 조세조약을 적용하여 과세하고, 또 다른 수익적소유자인 미국회사 US LLC.에는 한국-미국 조세조약에 의한 15%의 제한세율을 적용하여 세금을 부과하였다.

　그러나 ㈜글로벌은 LEOVEN B.V.는 네덜란드 상공회의소에 등록되어 있는 회사로서 네덜란드 국세청이 발급한 거주자증명서를 가지고 있으므로 네덜란드 회사에 해당하고 따라서 한국-네덜란드 조세조약의 혜택을 받는 수익적소유자에 해당하므로 LEOVEN B.V.의 주주를 수익적소유자로 보는 것은 잘못이라는 내용의 이의를 제기하였다.

　그러나 조세심판원은 다음과 같은 이유 때문에 LEOVEN B.V.는 도관회사(Conduit)에 해당하고 따라서 한국-네덜란드의 조세조약 혜택은 부인되어야 한다고 결정하였다. 즉, 조세심판원은 LEOVEN

B.V.는 수익적소유자가 아니므로 그 상위 투자자인 Cayman LP.와 US LLC.에 과세한 것은 맞다고 결정한 것이다.

그 이유는 LEOVEN B.V.는 현지의 임직원이 아닌 Cayman LP.의 관계회사 임직원이 경영하였고, LEOVEN B.V.의 주식매각 대금이 Cayman LP.와 US LLC. 등 주주에게 송금되었기 때문이다. 이러한 이유는 LEOVEN B.V.가 ㈜글로벌의 투자주체로 사업을 하였다거나 배당소득을 실제로 지배하고 관리하였다기보다는 그 투자자인 Cayman LP. 등이 소득의 수익적 소유자라고 판단하는 근거가 되었다.

3. 외국법인 주식의 평가

㈜글로벌은 플라스틱 사출금형의 핵심 소재인 핫러너시스템(hot runner system)을 전문적으로 제조하여 판매하는 내국법인이고, HK Investments는 홍콩에 설립된 법인으로 홍콩과 중국에 있는 ㈜글로벌의 계열회사의 지주회사이다. US Inc.는 미국에 설립된 ㈜글로벌의 미국 현지법인이다.

㈜글로벌은 미국 현지법인인 US Inc.의 100% 지분을 소유하던 중 홍콩에 있는 국외 특수관계자에 해당하는 HK Investments에 US Inc.의 지분 81%를 $1,215,000에 양도하였다.

국세청은 이 거래는 거래 당사자가 국외의 특수관계자이므로 양도한 US Inc. 지분의 정상가격을 기준으로 이전가격을 과세하였다. 그러나 거래된 자산이 현지법인의 주식이므로 일반적인 정상가격을 산정하는 방법을 사용하지 않고 상속증여세법의 평가 방법, 즉 1주당 순손익가치와 순자산가치의 비율을 각각 3과 2의 비율로 가중평균한 가격으로 평가한 금액을 정상가액으로 보아 이전가격에 대하여 법인세 4억 원을 과세하였다.

그러나 (주)글로벌은 국세청을 상대로 소송을 제기하여 국세청의 미국법인 평가 방법이 옳지 않음을 주장하였다. 이유는 (주)글로벌은 미국 현지의 회계법인이 미국 세무목적상 일반적으로 활용하는 평가 방법인 공정가치법에 따라 주식을 평가하였는데 한국 국세청이 아무런 근거 없이 상속증여세법상 평가 방법으로 평가하여 저가양도라 하여 법인세를 부과한 것은 잘못이라는 것이다.

이에 대하여 법원은, 국세청이 사용한 방법은 한국의 비상장회사의 주식을 평가하는 데 사용하는 것으로 미국회사의 주식을 평가하는 데 적당하지 않다고 보아 국세청이 부과한 법인세를 취소하라는 결정을 하였다.

4. 경영자문수수료

㈜글로벌은 한국 회사이나 2001년 미국에 있는 모회사인 US Inc.가 ㈜글로벌의 주식을 100% 인수함에 따라 자회사로 편입되었다.

㈜글로벌은 2001년 모회사인 US Inc.와 경영자문계약을 하고 매년 경영자문수수료를 지급하고 이를 법인의 비용으로서 법인의 소득에서 공제하였다.

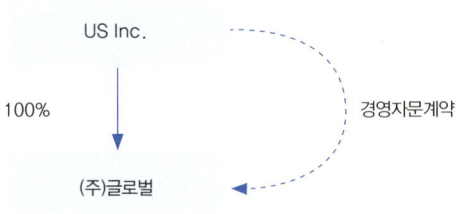

국세청은 ㈜글로법에 대한 조사를 통해 경영자문수수료가 ㈜글로벌의 업무와는 상관없는 비용으로 소득에서 공제할 수 없다고 하여 법인세를 과세하였다. 그 이유는 경영자문계약이 대부분 일상적인 모회사의 경영지침과 경영의 참고자료이고, 실제로 경영자문을 수행한 근거가 없다고 보았기 때문이다.

그러나 ㈜글로벌은 다음의 이유를 들어 경영자문수수료를 비용으로 공제하여야 한다고 주장하였다.

첫째, US Inc.는 세계 각 지역의 자회사에서 공통적으로 필요한 경영관리용역을 하나의 센터에 집중하여 연구 및 관리하고 이를 자회사에 공급하며 실제 발생한 비용을 수익자부담의 원칙에 따라 매출액 등 합리적인 기준에 의하여 각 자회사들에게 배분한다.

둘째, ㈜글로벌은 2001년부터 US Inc.와 경영자문계약을 체결하고 US Inc.로부터 단체 급식의 메뉴 개발 및 조리법, 계약 및 위험관리, 구매, 인사관리, IT 등 광범위한 경영 활동에 관련된 자문용역을 제공받고 있음이 각종 서류에 의하여 확인되며, 이와 같이 경영자문용역을 제공받으면서 ㈜글로벌의 수입금액은 큰 폭으로 증가하였다.

이에 대해 조세심판원은 ㈜글로벌이 모회사로부터 받은 자문용역은 단순히 모회사의 경영지침이라기보다는 ㈜글로벌이 개발하고 수행할 업무를 대신하여 전문적으로 개발하여 사업 활동을 지원하는 것이므로 이는 ㈜글로벌의 소득 발생과 합리적인 관련이 있으며, 경영자문수수료는 실제 발생한 비용을 합리적인 방법에 의하여 배분하여 지급한 비용으로서, 업무와 관련 있는 비용으로 보아 공제함이 옳다고 판단하였다.

5. 스위스법인에 내국법인 주식을 증여

룩셈부르크 법률에 따라 설립된 회사인 AA Sarl은 내국 법인인 ㈜글로벌의 지분을 100% 소유하고 있고, 룩셈부르크에 설립된 AA China Holdings Sarl의 지분을 100% 소유한 회사이다.

AA Sarl은 내국 법인인 ㈜글로벌의 지분 100%를 스위스의 법률에 따라 설립된 법인인 AA (Schweiz) AG에 증여하고자 한다. 이 경

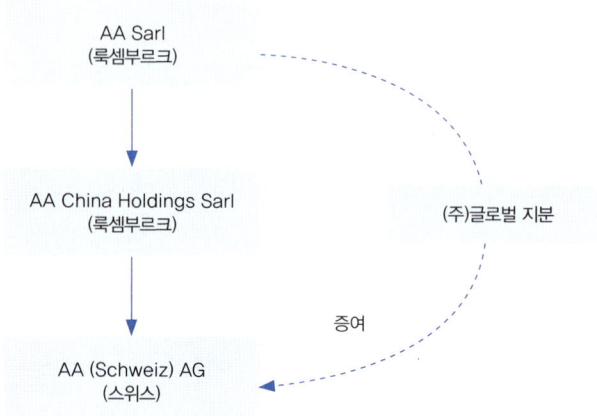

우 국내에 사업장이 없는 스위스 법인 AA (Schweiz) AG이 룩셈부르크 법인으로부터 내국법인 주식을 증여받는 경우에는 한국에서 어떠한 세금을 내야 할까?

스위스 법인이 룩셈부르크 법인으로부터 내국법인 주식을 증여받아 발생하는 소득은 법인세법의 기타소득에 해당하지만, 한국-스위스 조세조약에 따라 기타소득은 우리나라에서는 과세되지 않는다. 따라서 한국 회사의 지분을 증여함으로 인해 한국의 국세청에 납부할 세금은 없는 것이다.

그러나 주식의 증여 후에 그 주식으로부터 발생하는 배당소득이나 그 주식을 양도하는 경우에 발생하는 소득에 대해서는 소득의 실질귀속자에 대하여 한국과 그 실질귀속자가 거주하는 나라의 조세조약을 적용한다.

제3자를 통한 간접적인 방법이나 두 개 이상의 행위 또는 거래를 거치는 방법에 의하여 조세조약 및 세법상 혜택을 부당하게 받기 위한 것으로 인정되는 경우에는 그 경제적 실질에 따라 당사자가 직접 거래한 것으로 보거나 연속된 하나의 행위 또는 거래로 보아 조세조약 및 세법을 적용하는 것이다.

6. 거주자의 판단

개인 A씨는 국내에 거소를 둔 기간이 2과세기간에 걸쳐 395일 이상이다. A씨는 국내의 회사에 지분을 투자하고 있으며 그 회사의 대표 이사직을 역임하기도 하였다. 현재는 국내에 있는 동생 집에 거주하고 있다. 국내에 부동산을 소유하고 있지 않으나 은행계좌는 국내 체류비용 등으로 사용하기 위해 개설하여 이용 중이다.

A씨는 현재 미국의 세법에 의하여 미국 거주자에 해당하여 미국에서 세금신고를 하고 있다. 이러한 경우 A씨는 한국의 거주자로 보아야 할 것인가, 아니면 미국의 거주자로 보아야 할 것인가?

거주자와 비거주자의 구분은 거주 기간, 직업, 국내에서 생계를 같이하는 가족 및 국내에 있는 자산의 유무 등 생활 관계의 객관적 사실에 따라 판단하는 것으로, 미국 국적의 재미동포가 국내에 거소를 둔 기간이 2과세기간에 걸쳐 183일 이상인 경우에는 국내에 183일 이상 거소를 둔 것으로 보아 소득세법상 거주자에 해당한다.

이때 A씨가 미국에도 주소가 있는 등 한국과 미국 양국의 거주자인 경우가 발생할 수 있는데, 이때 거주자 판정은 한국-미국 조세조약에 따라 판단해야 한다. 그러면 여기서 한미 조세조약의 원문을 살펴보기로 하자.

한·미 조세조약 제3조에 한국의 거주자는 한국의 조세 목적상 한국에 거주하는 사람으로, 미국의 거주자는 미국의 조세 목적상 미국에 거주하는 사람으로 되어 있다. 그리고 어느 개인이 한국과 미국의 거주자에 동시에 해당하는 경우에는 다음의 순서로 거주지국을 결정한다.

첫째, 개인이 주거를 두고 있는 나라. 둘째, 개인의 인적 및 경제적 관계가 가장 밀접한 나라. 셋째, 개인이 일상적 거소를 두고 있는 나라. 넷째, 개인이 시민으로 소속하고 있는 나라. 다섯째, 상호 합의에 의하여 그 문제를 해결한다.

이때 위의 조세조약에 따라 어느 나라의 거주자에 해당하는지 여부는 주민등록이 어디에 되어 있느냐와 같이 단편적인 사실로 결정되는 것이 아니라 거주 기간, 직업, 국내에서 생계를 같이하는 가족 및 국내 소재 자산 유무 등 사실 관계를 종합적으로 판단하여야 하는 것이다.

7. 현지법인 채무 대위변제

㈜글로벌은 2005년에 설립된 국내 전자부품 도매업자로 홍콩에 역시 전자부품 유통업을 영위하는 자회사 HK Global을 두고 있다. ㈜글로벌은 홍콩자회사 HK Global이 한국은행 홍콩지점과 현지 SC Bank로부터 영업 활동에 필요한 자금 $80,000,000을 차입할 때

지급보증을 하였다.

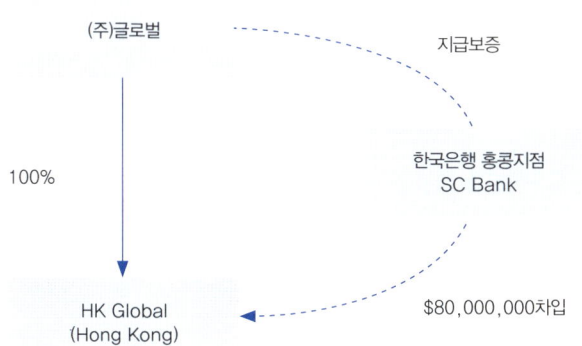

HK Global은 주요 거래처가 법정관리를 신청함에 따라 매출채권이 부실화되어 완전 자본잠식 상태가 되었고, 유동성 부족으로 한국은행 홍콩지점과 SC Bank로부터의 차입원금을 상환하지 못하는 상황에 이르렀다.

따라서 한국은행 홍콩지점 등 채권단은 HK Global이 상환 불가능한 채무에 대해 ㈜글로벌에 보증채무 이행을 청구하였고 ㈜글로벌은 HK Global의 채무 $80,000,000을 대신 변제하였다.

㈜글로벌은 한국은행 등 현지 채권단에 HK Global에 채무를 대신 갚고 그 금액만큼 HK Global에 미수금으로 계상하였으나, HK Global이 경영 위기에 있기 때문에 미수금에 대한 이자는 받지 않고 있다. 이러한 경우에 ㈜글로벌은 이 미수금에 대한 이자도 수익으로 보아 법인세를 내야 하는 것일까?

자회사의 채무를 대신 갚아 주는 대위변제는 법인의 업무와는 상관

없는 지급액으로, 이를 세법상으로는 '업무무관 가지급금'이라고 부른다. 국내의 거래에서 업무무관 가지급금이 발생하면 법에 의한 계산 방식으로 이자를 계산하여 그만큼 법인세를 추가납부하여야 한다.

하지만 이 사례는 국제거래에 해당한다. 따라서 정상이자와 실제 받는 이자와의 차이를 이전가격 조정을 통해 법인의 소득을 증가시키고, 이에 따른 법인세를 추가납부 하여야 한다. 만일 이자로 추가된 금액 중에서 기간 내에 HK Global로부터 실제 받지 않는 금액이 있다면 그 금액만큼은 HK Global에 대하여 출자금이 증가한 것으로 본다.

8. 해외 부동산과 현지대출 이자

우리나라 회사인 ㈜글로벌은 2008년 홍콩에 있는 HK Tower 중 아파트 30채 및 주차장 45면을 취득하고 홍콩 국세청에 사업자 등록을 하고 부동산을 임대하고 있다.

㈜글로벌은 부동산 매입자금으로 사용하기 위하여 홍콩현지 금융기관인 HK Bank Ltd.로부터 $ 70,000,000을 차입하였다. HK Bank Ltd.로부터의 차입금 원금 상환 및 이자 지급은 ㈜글로벌이 홍콩에서 부동산 임대수입으로 지급되고 이러한 상환 및 지급이 불가능한 경우에는 ㈜글로벌이 한국에서 송금하여 지급하도록 하고 있다.

이렇게 홍콩의 현지 금융기관인 HK Bank Ltd.에 현지의 수입으로 이자를 지급하는 경우에도 그 이자소득의 원천이 한국에 있다고 보아 (주)글로벌이 이자소득을 지급하기 전에 원천징수를 하여야 하는지 여부가 문제가 될 수 있다.

이 경우, 외국법인인 HK Bank Ltd.에 한국 회사인 (주)글로벌이 직접 지급하는 이자소득은 법인세법에 의해 외국법인의 한국 내 원천소득에 해당하게 된다. 한국 내 원천소득에 해당하면 이자소득을 지급하는 (주)글로벌이 지급액 중 20%를 원천징수하여 한국의 국세청에 납부해야 하는 의무가 발생한다.

그러나 만약, 해외의 지점이나 (주)글로벌이 현지법인을 홍콩에 설립하여 직접 현지의 금융회사인 HK Bank Ltd.로부터 자금을 차입하고 이자를 지급하는 경우에는 한국의 세법상 원천징수를 할 의무가 사라지게 된다.

9. 중국회사에 양도한 특허지분

우리나라 회사인 (주)글로벌은 보유하고 있는 풍력기술 관련 특허권에 대한 지분 중 50%를 중국회사인 WinCo에 양도하여 해당 특허권을 공동 소유할 예정이다. WinCo는 (주)글로벌과는 특수관계가 없는 중국회사이다.

특허권 지분은 매매계약을 체결하고 대금을 일시금으로 받고 (주)글로벌과 WinCo는 특허권에 대하여 같은 권리를 보유하게 된다.

그러나 세부계약상, 공동소유된 특허권의 지분을 양도하거나 권리

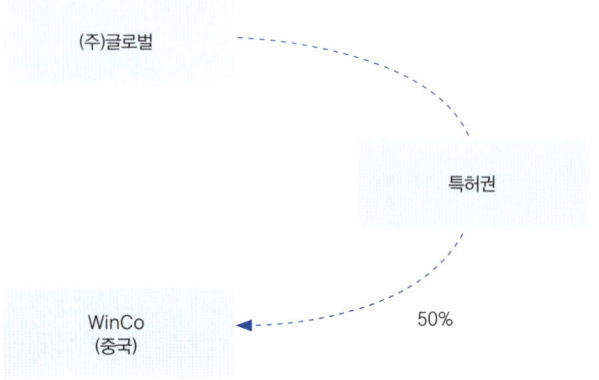

설정 또는 제3자에 사용권을 허가할 경우에는 ㈜글로벌과 WinCo 양쪽의 합의가 필요하며, 지분을 매각할 경우는 상대방 회사에 먼저 매입의 권리를 부여하도록 하는 별도조항이 있다.

  이러한 경우 ㈜글로벌이 특허권의 지분을 WinCo에 매각하는 것이 한국-중국 조세조약상 어떠한 소득에 해당하는지, 즉 양도소득인지 아니면 사용료소득인지가 문제될 수 있다. 왜냐하면 사용료 소득에 해당하면 중국에서 제한세율인 10%로 원천징수될 것이고, 양도소득에 해당하면 중국에는 세금을 납부하지 않아도 되기 때문이다.

  한국-중국 조세조약상 사용료소득은 특허권을 사용하게 하고 지급하는 모든 소득으로, ㈜글로벌과 WinCo와의 세부계약을 종합해보면 사용권을 부여하는 계약이라기보다는 권리를 양도한 양도소득으로 보는 것이 타당하다. 따라서 이러한 소득은 한국-중국 조세조약상 양도소득에 해당하여 중국에서 과세되지 않는다.